Michaela Mokry (Hg.)

BIBEL kreativ

METHODENBUCH

einfach WORKSHOPS gestalten

Mit 12 Modellentwürfen und zahlreichen Kreativideen

Michaela Mokry (Hg.)

BIBEL kreativ

METHODENBUCH

Mit 12 Modellentwürfen und zahlreichen Kreativideen

Die kreativen Ideen für die Workshops stammen von Jaqueline Metzlaff, Sonja Pohl, Franziska Strecker und Michaela Mokry. Sie haben schon eigene kreative und individuelle Bibeln gestaltet, die zu täglichen spirituellen Begleitern geworden sind. In den Workshops zeigen sie, wie vielseitig die kreative Bibelarbeit auch für Gruppen ist. Sie wollen dazu ermutigen, es einfach selbst auszuprobieren!

Grafisch gestaltet wurde das Methodenbuch von Anna-Katharina Stahl. Ebenfalls von ihr stammen die im Buch verwendeten Fotografien. Im zweiten Teil des Buches offenbart die Grafikerin ihre wertvollen Tipps und Techniken rund ums Handlettering, Malen, Zeichnen, Collagieren, Stempeln und vieles mehr. Ausführliche Erklärungen führen Schritt für Schritt in die Welt der kreativen Techniken ein. Mit ihren zahlreichen wertvollen Anleitungen ermutigt Anna-Katharina Stahl dazu, keine Angst vorm leeren Blatt zu haben – denn „Jeder Mensch ist ein Künstler" (Joseph Beuys).

1. Auflage 2019

Gesamtgestaltung: Anna-Katharina Stahl
Druck und Bindung: CPI books GmbH, Birkenstraße 10, 25917 Leck, Germany
Verlag Katholisches Bibelwerk GmbH, Silberburgstraße 121, 70176 Stuttgart

www.bibelwerk.de

ISBN 978-3-460-28151-6

INHALT

WORT

Mt 6,9-13

VATER unser

Gal 5,22

Kreativtechniken

Kopiervorlagen

Anhang

OFFENBARUNG 20,11–21,13
DIE NEUE WELT GOTTES:
WASSER
A Ω
0,2 l
Leben !!! Leben!
WAS IST
BIBEL
kreativ?

Ein-Führung

Gott
Liebe
AMEN
JA
Amen
friede
Halleluja
Amen
danke
Himmel
für alles
Liebe
beten
Friede
segnen
Jesus
preisen

WAS IST EIGENTLICH BIBEL kreativ?

Bibel kreativ meint die kreative, künstlerische Beschäftigung mit der Bibel. Die Worte der Bibel werden dabei visualisiert und gestalterisch erschlossen. Dieser neue Zugang zur Bibel ist vor allem aus dem englischsprachigen Raum als „Bibel Art Journaling" bekannt. Die Bibel soll neben den vielen Sprachen, in die sie bereits übersetzt wurde nun auch in die Sprache der Kreativität übersetzt werden. Die kreative Beschäftigung mit der Bibel kann alleine erfolgen oder, wie in diesem Buch angeleitet, in Gruppen durchgeführt werden.

Die kreative Arbeit mit der Bibel ist eine besondere Form der stillen Zeit. Es ist ein gelöster Zugang zur Bibel möglich, der intuitiv und einfach ist. Es geht nicht darum möglichst viel in der Bibel zu lesen, sondern sich einem Vers oder einer kleinen Bibelstelle zu widmen.

IN DIE BIBEL KRITZELN – WAS SOLL DAS?

Um mit der Bibel kreativ werden zu können muss man keine besonders fromme Haltung einnehmen. Jedoch kann es sehr schön sein, mit einem Gebet zu beginnen und auch mit einem Gebet zu schließen. Auch die kreative Gestaltung der Bibel ist Hören auf das Wort Gottes. Es geht also nicht einfach darum, nur in die Bibel zu kritzeln. Die Grundlage bildet immer das Schriftwort, die Schriftbetrachtung. Durch das kreative Gestalten der Bibelstelle soll diese auf eine andere Art und Weise erschlossen werden. Die Bibelstelle muss dabei auch nicht möglichst künstlerisch ausgestaltet werden. Es geht vor allem darum, die Bibel durch einen neuen, kreativen Zugang zu erschließen. Der Kreativität sind dabei keine Grenzen gesetzt!

FÜR WEN EIGNET SICH BIBEL KREATIV?

Der kreative Zugang zur Bibel eignet sich eigentlich für alle! Ihr müsst nicht besonders künstlerisch sein. Die Angst vor der kreativen Hürde solltet ihr ablegen, denn jeder Mensch ist ein Künstler (Joseph Beuys)! Auch wenn der Zugang noch neu für euch ist, eignen sich die Workshops für euch. Ihr braucht kein besonderes Vorwissen. – Ein bisschen Vorbereitung und es kann losgehen!

Die Workshops in diesem Buch können in der Jugendarbeit, in der Firmvorbereitung, der Erstkommunionvorbereitung, auf Sommerfreizeiten, in Gebetskreisen, Auszeit-Tagen, in der Seniorenarbeit, in Bibelkreisen usw. eingesetzt werden. Auch für den

Religionsunterricht sind die Workshops geeignet. Je nach Gruppe kann eine längere oder kürzere Bibelstelle gewählt werden. Vielfalt und Kreativität kennen hier keine Grenzen!

WIE GESTALTE ICH EINEN BIBEL KREATIV – WORKSHOP?

Mit diesem Methodenbuch ist es ganz einfach, einen Workshop zur kreativen Bibelarbeit zu leiten. Ihr braucht dafür auch kein besonderes Vorwissen. Ein paar Hinweise und Tipps können euch helfen bei der Vorbereitung:

DIE TAUFE JESU:
13 Zu dieser Zeit kam
Jordan zu Johannes, un
zu lassen. 14 Johannes abe
lassen und sagte zu ihm: I
getauft werden und du kom
sus antwortete ihm: Lass es
können wir die Gerechtigkei
Da gab Johannes nach. 16 A
war, stieg er sogleich aus dem
Und siehe, da öffnete sich d
er sah den Geist Gottes wi
sich herabkommen. 17 Und
me aus dem Himmel spr
geliebter Sohn, an dem
funden habe.
13–17: Mk 1,9–11; Lk
17: 17,5; Gen

Auswahl des Workshops

Zunächst wählt ihr anhand des Buches eine Bibelstelle aus, mit der ihr gerne im Workshop arbeiten möchtet. Ihr könnt dabei darauf achten, ob eine Stelle beispielsweise zu einem Thema passt, mit dem ihr euch gerade (in der Gruppe) beschäftigt (zur Thematik der Schöpfung passt z.B. der erste Workshop), oder vielleicht gibt es einen bestimmten Anlass (in der Advents- und Weihnachtszeit passt z.B. der Workshop zu Lk 2,8-14), oder ihr lasst den Zufall entscheiden.

Einladung

Nachdem ihr nun einen Workshop ausgesucht habt, geht es richtig an die Vorbereitungen. Zunächst solltet ihr an die Einladung für den Workshop denken. Einige Dinge sollten hier nicht fehlen: Am besten bittet ihr jeden Teilnehmer, Scheren, Klebstifte, Stifte, Wasserfarben usw. mitzubringen. Eine passende Vorlage für eure Einladung findet ihr bei den Kopiervorlagen.

Vorbereitungen

Für den Workshop benötigt ihr einen Raum mit ausreichend Tischen, sodass auch genug Platz fürs Kreativwerden da ist. Die Tische könnt ihr zum Beispiel zu einer großen Tischfläche zusammenstellen. Außerdem braucht ihr eventuell ein Flipchart oder ein großes Plakat oder ähnliches. Neben dem Material, das die Teilnehmer selbst mitbringen, solltet ihr verschiedene Papiere, Farben, Stempel und Stempelkissen, Washi Tapes und Sticker usw. zur Verfügung stellen. Außerdem benötigt jeder eine Bibelausgabe zum selbstgestalten. Alternativ könnt ihr die Bibelstelle auch (auf etwas dickerem Papier) ausdrucken. Vorlagen zu den einzelnen Workshops findet ihr zum Ausdrucken auf der Website (www.bibelkreativ.de). Neben der Bibelstelle zum Gestalten benötigt jeder Teilnehmer auch ein Concept Sheet, auf dem Ideen notiert werden. Das jeweilige Concept Sheet zum Workshop findet ihr im Anhang.

Wenn die kreative Beschäftigung mit der Bibel für euch noch neu ist, könnt ihr euch zur Vorbereitung noch verschiedene Gestaltungsmöglichkeiten überlegen und zum Beispiel Kreativtechniken ausprobieren. Im zweiten Teil des Buches findet ihr dazu zahlreiche Impulse und Anleitungen.

An alles gedacht?

Damit am Ende auch nichts fehlt, gibt es eine Checkliste, mit der ihr überprüfen könnt, ob ihr alles vorbereitet habt. Auf der Liste könnt ihr abhaken, was ihr bereits erledigt habt und seht, was euch noch fehlt. Die Checkliste findet ihr im Anhang des Buches.

Checkliste

DAS BRAUCHT IHR FÜR EINEN BIBEL KREATIV WORKSHOP

MATERIAL JE TEILNEHMER:

- Bibelausgabe zum Selbstgestalten (z.B. Bibel kreativ-Bibel mit Gratis-Band zu DIY-Vorlagen ISBN 978-3-460-44048-7)
- oder Kopiervorlage mit Bibelstelle als kostenloser Download auf www.bibelkreativ.de (am besten druckt ihr die Vorlagen auf etwas dickeres Papier)
- Ideenpapier/ Concept Sheet (Kopiervorlage)

MATERIAL FÜR ALLE:

- Moderationskoffer „Bibel kreativ“
  oder:
- Scheren
- Klebstoff
- verschiedene Stifte: Bleistifte, Buntstifte (Spitzer und Radiergummi nicht vergessen), Wachsmalstifte, Filzstifte, Pastellkreide, ...
- Wasserfarben oder Aquarellfarben (Wassergläser und Pinsel nicht vergessen)
- bunte Papiere, Stoffe, Wolle usw.
- Bibel kreativ DIY Vorlagenbuch
- Washi Tapes und Sticker

Alternativ könnt ihr auch darum bitten, Bastelmaterial mitzubringen und nur einige spezifische Artikel zur Verfügung stellen.

WAS IHR SONST NOCH BRAUCHT:

- ausreichend Platz und Tische
- am besten stellt ihr die Tische zu einer Fläche zusammen oder zu einzelnen Tischgruppen
- das Bastelmaterial könnt ihr auf einen extra Tisch legen oder es in die Mitte der Tischfläche legen
- eventuell Flipchart (oder Posterblätter, Packpapierrollen o.ä.) für einen gemeinsamen Einstieg oder ein gemeinsames Brainstorming

183

Los geht's!

Nach den Vorbereitungen kann es dann losgehen! Die verschiedenen Schritte des Workshops sind in den Modellentwürfen jeweils beschrieben. Damit ihr euch besser orientieren könnt, findet ihr bei den verschiedenen Punkten jeweils Zeitangaben. Natürlich müsst ihr euch nicht exakt an die Angaben halten, sie können euch aber helfen den Überblick über den Workshop zu behalten. Insgesamt sind für jeden Workshop 1,5 Stunden geplant. Da der Kreativität aber keine Grenzen gesetzt sind, kann der Kreativteil des Workshops auch ausgedehnt werden.

BIBEL
kreativ
WORKSHOP
PSALM 23
Schafe
eigene Ideen

Modell–
ENTWÜRFE
Schafe
eigene Ideen
BIBEL kreativ
HERR
HER
Her

Das ist die Geschichte der Entstehung von Himmel und Erde, als sie erschaffen wurden. Zur Zeit, als Gott, der HERR, Erde und Himmel machte, gab es auf der Erde noch keine Feldsträucher und wuchsen noch keine Feldpflanzen, denn Gott, der HERR, hatte es auf die Erde noch nicht regnen lassen und es gab noch keinen Menschen, der den Erdboden bearbeitete, aber Feuchtigkeit stieg aus der Erde auf und tränkte die ganze Fläche des Erdbodens. Da formte Gott, der HERR, den Menschen, Staub vom Erdboden, und blies in seine Nase den Lebensatem. So wurde der Mensch zu einem lebendigen Wesen. Dann pflanzte Gott, der HERR, in Eden, im Osten, einen Garten und setzte dorthin den Menschen, den er geformt hatte. Gott, der HERR, ließ aus dem Erdboden allerlei Bäume wachsen, begehrenswert anzusehen und köstlich zu essen, in der Mitte des Gartens aber den Baum des Lebens und den Baum der Erkenntnis von Gut und Böse.

(Gen 2,4-9)

WORKSHOP ZU GENESIS 2,4-9

Idee von MICHAELA MOKRY

Zeitbudget insgesamt für diese Workshop-Einheit: 1,5 h

1 EINSTIEG (Zeitbudget: 5 min)

Begrüßung

Hier stellt ihr das Thema vor und solltet die Angst vor der kreativen Hürde nehmen: Jeder ist ein Künstler! Wenn die kreative Bibelarbeit für euch und eure Gruppe noch Neuland ist, könnt ihr hier auch kurz erklären, was es damit auf sich hat. Anregungen dazu findet ihr auf den ersten Seiten dieses Buches.

Einstiegs-Gebet z.B.

Herr,
wir sind heute als Gruppe zusammengekommen, jeder mit anderen Freuden oder Nöten im Herzen. Zusammen möchten wir uns auf Dein Wort einlassen.
Jeden Tag dürfen wir neu über Deine Schöpfung staunen. Aus dem Nichts hast Du Wunderbares geschaffen.
Gemeinsam möchten wir nun kreativ Dein Wort erkunden. Schenke uns Kreativität, Ruhe und Gelassenheit.
Amen.

2 BIBELTEXT (Zeitbudget: 5-10 min)

- Zu Beginn wird der ausgewählte Bibeltext, Gen 2,4-9, gemeinsam gelesen. Ihr könnt den ganzen Text lesen oder einzelne Verse. Zusätzlich können Vergleich- und Parallelstellen gelesen werden.
- An dieser Stelle könnt ihr auch erklären, warum genau dieser Bibeltext ausgewählt wurde (Lieblingsvers von..., Zufall, thematischer Schwerpunkt: Schöpfung, Ökologie).

3 VORBEREITUNGSPHASE (Zeitbudget: 10 min)

Bevor alle in die kreative Umsetzung des Bibeltextes gehen, kann man in eine stille Phase übergehen, in der sich jeder Teilnehmer zunächst für sich Gedanken zu den Versen macht. Dabei können ausgesuchte Reflexionsfragen helfen. Auf dem Concept Sheet (Ideenpapier) kann jeder seine Gedanken festhalten. In einem gemeinsamen Brainstorming können die Gedanken dann in der Gruppe geteilt werden.

3.1. In Stille jeder für sich (Zeitbudget: 10 min)

Ideenpapier/Concept Sheet ausfüllen

- Welche Wörter stecken in dem Vers?
  - z.B. Himmel und Erde, Erschaffung des Menschen, Lebensatem, Baum der Erkenntnis, Garten Eden
- Gibt es Synonyme oder Antonyme, die zur Erschließung des Textes helfen?
  - z.B. erschaffen ≠ zerstören, Entstehung = Schöpfung, Kreation, Anfang

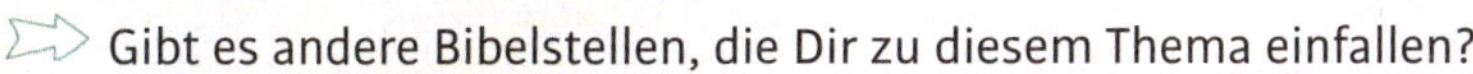

- Gibt es andere Bibelstellen, die Dir zu diesem Thema einfallen?
  - z.B. Gen 1
- In welchem Kontext steht der Vers?
- Passt dieser Bibelvers besonders in mein Leben? Wenn ja, warum?
  - z.B. Wo begegne ich der Schöpfung?
  - z.B. Wie gehe ich mit Gottes Schöpfung um? Achte ich die Schöpfung?
  - z.B. Gibt es Bereiche, in denen ich oder andere der Schöpfung Schaden zufügen? (Umweltverschmutzung, Unterdrückung von Menschen usw.)
- Was sagt dieser Vers aus? Liegt in der Wortwahl eine besondere Spannung?

3.2. Gemeinsames Brainstorming oder jeder für sich (Zeitbudget: 10 min)

Hier kann man sich entscheiden, entweder in der Gruppe ein Brainstorming zusammen auf einer Flipchart oder ähnlichem umzusetzen oder weiter in Stille Ideen zu sammeln. Wenn ihr ein gemeinsames Brainstorming macht, könnt ihr nun zunächst die Gedanken aus der stillen Zeit teilen.

Sammelt nun auch Ideen, wie ihr diese Gedanken für euch kreativ umsetzen könnt:

- Welche Symbole, Bilder oder Metaphern fallen Dir hierzu ein?
  - z.B. **Baum, Garten, Wasser und Erde**

- Welche Farben kommen Dir in den Sinn?
    - z.B. **Baum,Garten** = grün, bunt
    - z.B. **Wasser,Himmel** = blau
    - z.B. **Erde** = braun

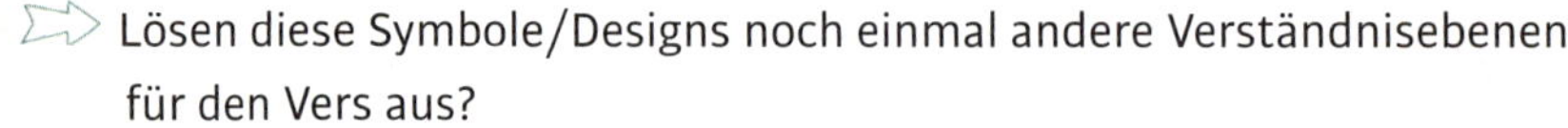

- Lösen diese Symbole/Designs noch einmal andere Verständnisebenen für den Vers aus?

An dieser Stelle könnt ihr auf eurem Concept Sheet Ideen erstmal ausprobieren, Skizzen zeichnen, Kreativtechniken testen usw.
Anregungen für kreative Ideen und Anleitungen für verschiedene Kreativtechniken findet ihr ihm zweiten Teil des Buches.

3.3. Materialauswahl (Zeitbudget: 5 min)

Hier sucht sich jeder die Bastelmaterialien zusammen, die er/sie für das eigene Projekt benötigt.

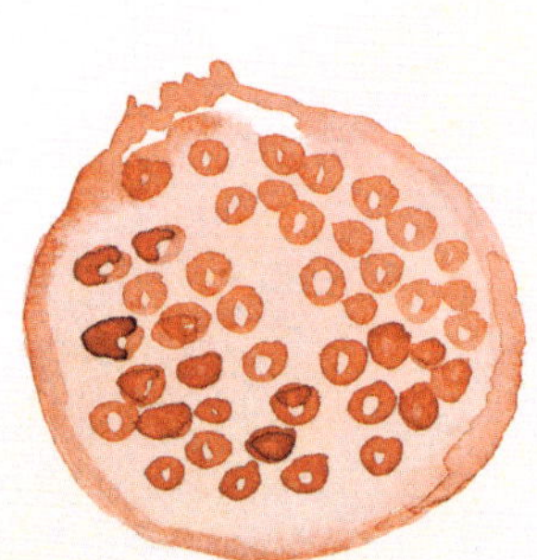

Passendes vom Bibelwerk zu diesem Bibeltext:

- Washi Tapes Set Bibel, EAN 40-32382-28146-9

Diesen Teil des Workshops könnt ihr mit der Pause verbinden.

Pause: 5-10 min

4 JETZT GEHT ES LOS – KREATIVE GESTALTUNG (Zeitbudget: 25-30 min)

Jetzt geht es richtig los: Nun könnt ihr eure Ideen und Gedanken kreativ umsetzen.
Dafür könnt ihr entweder die Bibel zum Selbstgestalten verwenden oder die Kopiervorlage.

5 AUSTAUSCH IN DER GRUPPE (Zeitbudget: 10-15 min)

Jeder stellt das eigene Projekt vor und erläutert (wenn gewünscht) den persönlichen Zugang:

- Was bedeutet Dir dieser Bibeltext persönlich?
- Hat sich Dein Zugang zum Bibeltext durch die kreative Beschäftigung damit verändert?

Es darf natürlich auch ein ganz intuitiver Zugang sein, der nicht in Worte gefasst werden muss.

6 ABSCHLUSSGEBET UND VERABSCHIEDUNG (Zeitbudget: 5 min)

Entweder wird ein allgemeines Abschlussgebet gesprochen oder der Leiter/die Leiterin oder eine benannte Person spricht ein Gebet, das noch einmal auf das Thema eingeht und den gemeinsamen kreativen Austausch abrundet, hier z.B.:

> Herr,
> wir danken Dir für diese gemeinsame kreative Zeit und unseren Austausch.
> Mit einem neuen Blick auf Deine Schöpfung kehren wir in unseren Alltag zurück.
> Wir danken Dir für Deine wunderbare Schöpfung! Hilf uns, Deine Schöpfung
> zu achten und zu bewahren. Lass uns auch die kleinen Dinge entdecken.
> Segne uns und die Menschen, die uns wichtig sind.
> Im Namen des Vaters und des Sohnes und des Heiligen Geistes.
> Amen

GOTT
GENESIS 1,29–2,23
über alle Tiere, die auf der Erde kriechen! 29 Dann sprach Gott: Siehe
alles Gewächs, das Samen bildet auf der ganzen Erde, und alle Bäume,
gen mit Samen darin. Euch sollen sie zur Nahrung dienen. 30 Allen
allen Vögeln des Himmels und allem, was auf der Erde kriecht, das Le
hat, gebe ich alles grüne Gewächs zur Nahrung. Und so geschah es. 31
was er gemacht hatte: Und siehe, es war sehr gut. Es wurde Abend u
gen: der sechste Tag.
2 1 So wurden Himmel und Erde und ihr ganzes Heer vollendet.
vollendete Gott das Werk, das er gemacht hatte, und er ruht
nachdem er sein ganzes Werk gemacht hatte. 3 Und Gott segnete d
heiligte ihn; denn an ihm ruhte Gott, nachdem er das ganze Werk
DER MENSCH IM GARTEN EDEN: 2,4–25
4 Das ist die Geschichte der Entstehung von Himmel und Erde, al
den. Zur Zeit, als Gott, der HERR, Erde und Himmel machte, 5 gab
keine Feldsträucher und wuchsen noch keine Feldpflanzen, denn
te es auf die Erde noch nicht regnen lassen und es gab noch kein
Erdboden bearbeitete, 6 aber Feuchtigkeit stieg aus der Erde auf
Fläche des Erdbodens. 7 Da formte Gott, der HERR, den Mensch
den, und blies in seine Nase den Lebensatem. So wurde der Me
gen Wesen.
8 Dann pflanzte Gott, der HERR, in Eden, im Osten, einen G
hin den Menschen, den er geformt hatte. 9 Gott, der HERR,
allerlei Bäume wachsen, begehrenswert anzusehen und köstl
te des Gartens aber den Baum des Lebens und den Baum der
Böse.
10 Ein Strom entspringt in Eden, der den Garten bewässert;
zu vier Hauptflüssen. 11 Der Name des ersten ist Pischon; er
Hawila umfließt, wo es Gold gibt. 12 Das Gold jenes Landes i
umharz und Karneolsteine. 13 Der Name des zweiten Strom
das ganze Land Kusch umfließt. 14 Der Name des dritten Stro
östlich an Assur vorbeifließt. Der vierte Strom ist der Eufra
15 Gott, der HERR, nahm den Menschen und gab ihm sein
Eden, damit er ihn bearbeite und hüte. 16 Dann gebot Gott,
Von allen Bäumen des Gartens darfst du essen, 17 doch vo
Gut und Böse darfst du nicht essen; denn am Tag, da du da
18 Dann sprach Gott, der HERR: Es ist nicht gut, dass d
ihm eine Hilfe machen, die ihm ebenbürtig ist.
19 Gott, der HERR, formte aus dem Erdboden alle Tiere
Himmels und führte sie dem Menschen zu, um zu sehen
Und wie der Mensch jedes lebendige Wesen benannte, s
Mensch gab Namen allem Vieh, den Vögeln des Himme
schen zu. 23 Und der Mensch sprac
EVE
le s'appelait
n'allait pas
faire un monde.

Das endlich ist Bein von meinem Bein / und Fleisch von meinem Fleisch. Frau soll
sie genannt werden; / denn vom Mann ist sie genommen.
24 Darum verlässt der Mann Vater und Mutter und hängt seiner Frau an und sie werden *ein* Fleisch. 25 Beide, der Mensch und seine Frau, waren nackt, aber sie schämten
sich nicht voreinander.

4: [illegible] / 8: Ez 28,13 / 17: 3,3 / 24: Mt 19,5; Mk 10,8; 1 Kor 6,16; Eph 5,31 / 25: 3,7

DER FALL DES MENSCHEN: 3,1–24

3 1 Die Schlange war schlauer als alle Tiere des Feldes, die Gott, der HERR, gemacht
hatte. Sie sagte zu der Frau: Hat Gott wirklich gesagt: Ihr dürft von keinem Baum
des Gartens essen? 2 Die Frau entgegnete der Schlange: Von den Früchten der Bäume
im Garten dürfen wir essen; 3 nur von den Früchten des Baumes, der in der Mitte des
Gartens steht, hat Gott gesagt: Davon dürft ihr nicht essen und daran dürft ihr nicht
rühren, sonst werdet ihr sterben.
4 Darauf sagte die Schlange zur Frau: Nein, ihr werdet nicht sterben. 5 Gott weiß
vielmehr: Sobald ihr davon esst, gehen euch die Augen auf; ihr werdet wie Gott und
erkennt Gut und Böse. 6 Da sah die Frau, dass es köstlich wäre, von dem Baum zu essen,
dass der Baum eine Augenweide war und begehrenswert war, um klug zu werden. Sie
nahm von seinen Früchten und aß; sie gab auch ihrem Mann, der bei ihr war, und auch
er aß.
7 Da gingen beiden die Augen auf und sie erkannten, dass sie nackt waren. Sie hef-
teten Feigenblätter zusammen und machten sich einen Schurz. 8 Als sie an den Schrit-
ten hörten, dass sich Gott, der HERR, beim Tagwind im Garten erging, versteckten
sich der Mensch und seine Frau vor Gott, dem HERRN, inmitten der Bäume des Gartens. 9 Aber Gott, der HERR, rief nach dem Menschen und sprach zu ihm: Wo bist du?
10 Er antwortete: Ich habe deine Schritte gehört im Garten; da geriet ich in Furcht, weil
ich nackt bin, und versteckte mich. 11 Darauf fragte er: Wer hat dir gesagt, dass du nackt
bist? Hast du von dem Baum gegessen, von dem ich dir geboten habe, davon nicht zu
essen? 12 Der Mensch antwortete: Die Frau, die du mir beigesellt hast, sie hat mir von
dem Baum gegeben. So habe ich gegessen. 13 Gott, der HERR, sprach zu der Frau: Was
hast du getan? Die Frau antwortete: Die Schlange hat mich verführt. So habe ich gegessen.
14 Da sprach Gott, der HERR, zur Schlange:
Weil du das getan hast, bist du verflucht / unter allem Vieh und allen Tieren des
Feldes. / Auf dem Bauch wirst du kriechen / und Staub fressen alle Tage deines Lebens.
15 Und Feindschaft setze ich zwischen dir und der Frau, / zwischen deinem Nachkommen und ihrem Nachkommen. / Er trifft dich am Kopf / und du triffst ihn an der
Ferse.
16 Zur Frau sprach er:
Viel Mühsal bereite ich dir und häufig wirst du schwanger werden. / Unter Schmerzen gebierst du Kinder. / Nach deinem Mann hast du Verlangen / und er wird über dich
herrschen.
17 Zum Menschen sprach er: Weil du auf die Stimme deiner Frau gehört und von dem
Baum gegessen hast, von dem ich dir geboten hatte, davon nicht zu essen,
ist der Erdboden deinetwegen verflucht. / Unter Mühsal wirst du von ihm essen alle
Tage deines Lebens.
18 Dornen und Disteln lässt er dir wachsen / und die Pflanzen des Feldes wirst du
essen.
19 Im Schweiße deines Angesichts / wirst du dein Brot essen, / bis du zum Erdboden
zurückkehrst; / denn von ihm bist du genommen, / Staub bist du / und zum Staub
kehrst du zurück.

3,1 von keinem Baum, andere Übersetzungsmöglichkeit: nicht von allen Bäumen.

der
HERR
IST
mein Hirt
PS 23,1

1 Ein Psalm Davids. Der HERR ist mein Hirt, nichts wird
mir fehlen.
2 Er lässt mich lagern auf grünen Auen und führt mich
zum Ruheplatz am Wasser.
3 Meine Lebenskraft bringt er zurück. Er führt mich auf
Pfaden der Gerechtigkeit, getreu seinem Namen.
4 Auch wenn ich gehe im finsteren Tal, ich fürchte kein
Unheil; denn du bist bei mir, dein Stock und dein Stab,
sie trösten mich.
5 Du deckst mir den Tisch vor den Augen meiner Feinde.
Du hast mein Haupt mit Öl gesalbt, übervoll ist mein
Becher.
6 Ja, Güte und Huld werden mir folgen mein Leben lang
und heimkehren werde ich ins Haus des HERRN für
lange Zeiten.

(Ps 23)

WORKSHOP ZU PSALM 23

Idee von FRANZISKA STRECKER

Zeitbudget insgesamt für diese Workshop-Einheit: 1,5 h

1 EINSTIEG (Zeitbudget: 5 min)

→ Begrüßung

Hier stellt ihr das Thema vor und solltet die Angst vor der kreativen Hürde nehmen: Jeder ist ein Künstler! Wenn die kreative Bibelarbeit für euch und eure Gruppe noch Neuland ist, könnt ihr hier auch kurz erklären, was es damit auf sich hat. Anregungen dazu findet ihr auf den ersten Seiten dieses Buches.

→ Einstiegs-Gebet z.B.

Herr,
wir sind heute als Gruppe hier zusammengekommen, jeder Einzelne von uns mit seinem Dank, seiner Freude, seiner Kreativität und seinen Sorgen und Nöten. Wir danken Dir, dass wir so vor Dir sein dürfen, wie wir sind.
Wir bitten Dich: schenke uns einen aufmerksamen Blick und ein wachsames Herz. Hilf uns, in den nächsten eineinhalb Stunden zu hören, was Du uns sagen möchtest in Deinem Wort. Nimm all das von uns, was uns daran hindert, uns jetzt ganz auf Dich hin auszurichten.
Amen.

2 BIBELTEXT (Zeitbudget: 5-10 min)

→ Zu Beginn wird der ausgewählte Bibeltext, Ps 23, gemeinsam gelesen. Ihr könnt den ganzen Psalm lesen oder einzelne Verse. Zusätzlich können Vergleich- und Parallelstellen gelesen werden.

→ An dieser Stelle könnt ihr auch erklären, warum genau dieser Bibeltext ausgewählt wurde (Lieblingsvers von..., Zufall, thematischer Schwerpunkt, usw.).

3 VORBEREITUNGSPHASE (Zeitbudget: 10 min)

Bevor alle in die kreative Umsetzung des Bibeltextes gehen, kann man in eine stille Phase übergehen, in der sich jeder Teilnehmer zunächst für sich Gedanken zu den Versen macht. Dabei können ausgesuchte Reflexionsfragen helfen. Auf dem Concept Sheet (Ideenpapier) kann jeder seine Gedanken festhalten. In einem gemeinsamen Brainstorming können die Gedanken dann in der Gruppe geteilt werden.

3.1. In Stille jeder für sich (Zeitbudget: 10 min)

Concept Sheet ausfüllen

- Welche Wörter stecken in dem Vers?
  - z.B. Hirte, nichts wird mir fehlen, Lebenskraft, Güte und Huld
- Welche Emotionen lösen diese Worte aus?
  Welche Stimmung wird vermittelt?
  - z.B. **Hirte** = behütet, beschützt, Sicherheit, geborgen, ruhig, umsorgt, aufgehoben usw.
  - z.B. **nichts wird mir fehlen** = Dankbarkeit, ohne Sorgen, Sicherheit, Vertrauen, keine leeren Hände, Überfluss, beruhigt auf morgen schauen usw.
- Gibt es Synonyme oder Antonyme, die zur Erschließung des Textes helfen?
  - z.B. **Hirte** = Hüter, Schäfer, Beschützer, Schutzherr
- Gibt es andere Bibelstellen, die Dir zu diesem Thema einfallen?
  - z.B. Mt 18,12-13 und Lukas 15,4-7
- In welchem Kontext steht der Vers?
  - z.B. **Ps** 23: Der gute Hirte, vgl. Gleichnis vom verlorenen Schaf
- Passt dieser Bibelvers besonders in mein Leben? Wenn ja, warum?
  - z.B. Vertraue ich darauf, dass der Herr für mich sorgt? Glaube ich, dass Gott es gut mit mir meint? Erlebe ich in meinem Leben, dass ich behütet bin?
- Was sagt dieser Vers aus? Liegt in der Wortwahl eine besondere Spannung?

3.2. Gemeinsames Brainstorming oder jeder für sich (Zeitbudget: 10 min)

Hier kann man sich entscheiden, entweder in der Gruppe ein Brainstorming zusammen auf einer Flipchart oder ähnlichem umzusetzen oder weiter in Stille Ideen zu sammeln. Wenn ihr ein gemeinsames Brainstorming macht, könnt ihr nun zunächst die Gedanken aus der stillen Zeit teilen.

Sammelt nun auch Ideen, wie ihr diese Gedanken für euch kreativ umsetzen könnt:

- Welche Symbole, Bilder oder Metaphern fallen Dir hierzu ein?
  - z.B. **Hirte** = Schafe, Hirtenstab, Weide, Hund
  - z.B. **nichts wird mir fehlen** = Becher, der überfließt (Ps 23,5), Schlüssel und Schlüsselloch, saftige, grüne Wiesen

- Welche Farben kommen Dir in den Sinn?
  - z. B. **Hirte** = weiß, grün, braun
  - z.B. **nichts wird mir fehlen** = helle Farben (gelb, orange)
- Lösen diese Symbole/Designs noch einmal andere Verständnisebenen für den Vers aus?

An dieser Stelle könnt ihr auf eurem Concept Sheet Ideen erstmal ausprobieren, Skizzen zeichnen, Kreativtechniken testen usw.
Anregungen für kreative Ideen und Anleitungen für verschiedene Kreativtechniken findet ihr ihm zweiten Teil des Buches.

3.3. Materialauswahl (Zeitbudget: 5 min)

Hier sucht sich jeder die Bastelmaterialien zusammen, die er/sie für das eigene Projekt benötigt.

Passendes vom Bibelwerk zu diesem Bibeltext:
- DIY-Vorlagenbuch, ISBN: 978-3-460-30460-4 (Seite 40, 41)
- DIY-Vorlagenbuch, ISBN: 978-3-460-30460-4 (Seite 40, 41)
- Stempel Psalm, EAN: 40-60504-000100
- Washi Tapes Design Blau, EAN: 40-32382-28144-5

Diesen Teil des Workshops könnt ihr mit der Pause verbinden.

Pause: 5-10 min

4 JETZT GEHT ES LOS – KREATIVE GESTALTUNG (Zeitbudget: 25-30 min)

Jetzt geht es richtig los: Nun könnt ihr eure Ideen und Gedanken kreativ umsetzen.
Dafür könnt ihr entweder die Bibel zum Selbstgestalten verwenden oder die Kopiervorlage.

5 AUSTAUSCH IN DER GRUPPE (Zeitbudget: 10-15 min)

Jeder stellt das eigene Projekt vor und erläutert (wenn gewünscht) den persönlichen Zugang:
- Was bedeutet Dir dieser Bibeltext persönlich?
- Hat sich Dein Zugang zum Bibeltext durch die kreative Beschäftigung damit verändert?

Es darf natürlich auch ein ganz intuitiver Zugang sein, der nicht in Worte gefasst werden muss.

6 ABSCHLUSSGEBET UND VERABSCHIEDUNG (Zeitbudget: 5 min)

Entweder wird ein allgemeines Abschlussgebet gesprochen oder der Leiter/die Leiterin oder eine benannte Person spricht ein Gebet, das noch einmal auf das Thema eingeht und den gemeinsamen kreativen Austausch abrundet, hier z.B.:

> Herr,
> Wir danken Dir, dass Du uns die Zusage gemacht hast, für uns ein guter Hirte zu sein und uns an lebendige Wasser zu führen. Du kennst unseren Durst und unsere Sehnsucht nach Annahme und Geborgenheit. Du allein kannst sie stillen. Du kennst auch unsere Ängste und unsere Herausforderungen, die wir jeden Tag bestehen müssen. Deine Zusage, dass Du für uns da bist, gibt uns Zuversicht. Lass uns immer wieder am Tisch des Mahles mit Dir und untereinander Gemeinschaft haben und schenke uns Deine Güte ein Leben lang, bis wir mit Dir vereint sind in Deinem Haus.
> Amen.

der HERR ist
PSALMEN 22,23–23,6
23 Ich will deinen Namen meinen Brüdern verkünden, *
inmitten der Versammlung dich loben.
24 Die ihr den HERRN fürchtet, lobt ihn; /
all ihr Nachkommen Jakobs, rühmt ihn; *
erschauert vor ihm, all ihr Nachkommen Israels!
25 Denn er hat nicht verachtet, *
nicht verabscheut des Elenden Elend.
Er hat sein Angesicht nicht verborgen vor ihm; *
er hat gehört, als er zu ihm schrie.
26 Von dir kommt mein Lobpreis in großer Versamml
ich erfülle mein Gelübde vor denen, die ihn fürchten.
27 Die Armen sollen essen und sich sättigen; /
den HERRN sollen loben, die ihn suchen. *
Aufleben soll euer Herz für immer.
28 Alle Enden der Erde sollen daran denken /
und sich zum HERRN bekehren: *
Vor dir sollen sich niederwerfen alle Stämme der Na
29 Denn dem HERRN gehört das Königtum; *
er herrscht über die Nationen.
30 Es aßen und warfen sich nieder alle Mächtiger
Alle, die in den Staub gesunken sind, sollen vor ih
Und wer sein Leben nicht bewahrt hat, *
31 Nachkommen werden ihm dienen.
Vom Herrn wird man dem Geschlecht erzählen
32 Seine Heilstat verkündet man einem Volk, d
Ja, er hat es getan.
DER GUTE HIRTE
23 1 Ein Psalm Davids.
Der HERR ist mein Hirt, *
nichts wird mir fehlen.
2 Er lässt mich lagern auf grünen Auen
und führt mich zum Ruheplatz am Wass
3 Meine Lebenskraft bringt er zurück.
Er führt mich auf Pfaden der Gerechtigk
getreu seinem Namen.
4 Auch wenn ich gehe im finsteren T
ich fürchte kein Unheil;
denn du bist bei mir, *
dein Stock und dein Stab, sie trösten
5 Du deckst mir den Tisch *
vor den Augen meiner Feinde.
Du hast mein Haupt mit Öl gesalb
übervoll ist mein Becher.
6 Ja, Güte und Huld werden mi
und heimkehren werde ich ins H
für lange Zeiten

PSALMEN 24,1–25,9
EINZUG DES BETERS UND DES HERRN IN SEIN HEILIGTUM
24 1 Ein Psalm Davids.
Dem HERRN gehört die Erde und was sie erfüllt,
der Erdkreis und seine Bewohner.
2 Denn er hat ihn auf Meere gegründet,
ihn über Strömen befestigt.
3 Wer darf hinaufziehn zum Berg des HERRN,
wer darf stehn an seiner heiligen Stätte?
4 Der unschuldige Hände hat und ein reines Herz,
der seine Seele nicht an Nichtiges hängt und keinen trügerischen Eid
geschworen hat.
5 Er wird Segen empfangen vom HERRN
und Gerechtigkeit vom Gott seines Heils.
6 Das ist das Geschlecht, das nach ihm fragt,
die dein Angesicht suchen, Jakob. [Sela]
7 Ihr Tore, hebt eure Häupter, /
hebt euch, ihr uralten Pforten,
denn es kommt der König der Herrlichkeit!
8 Wer ist dieser König der Herrlichkeit? /
Der HERR, stark und gewaltig,
der HERR, im Kampf gewaltig.
9 Ihr Tore, hebt eure Häupter, /
hebt euch, ihr uralten Pforten,
denn es kommt der König der Herrlichk
10 Wer ist er, dieser König der Herrlich
Der HERR der Heerscharen:
Er ist der König der Herrlichkeit. [Sela]
BITTE UM VERGEBUNG UND LEITUNG
25 1 Von David. Zu dir, HERR, erhebe ich meine Seele,
2 mein Gott, auf dich vertraue ich.
Lass mich nicht zuschanden werden,
lass meine Feinde nicht triumphieren!
3 Es wird ja niemand, der auf dich hofft, zuschanden;
zuschanden wird, wer dir schnöde die Treue bricht.
4 Zeige mir, HERR, deine Wege,
lehre mich deine Pfade!
5 Führe mich in deiner Treue und lehre mich; /
denn du bist der Gott meines Heils.
Auf dich hoffe ich den ganzen Tag.
6 Gedenke deines Erbarmens, HERR, /
und der Taten deiner Gnade;
denn sie bestehen seit Ewigkeit!
7 Gedenke nicht meiner Jugendsünden und meiner Frevel!
Nach deiner Huld gedenke meiner, HERR, denn du bist gütig!
8 Der HERR ist gut und redlich,
darum weist er Sünder auf den rechten Weg.
9 Die Armen leitet er nach seinem Recht,
die Armen lehrt er seinen Weg.
Wundervoll
der
HERR
IST
mein
Hirt
PS 23,1

1 Für den Chormeister. Von David. Ein Psalm. HERR, du
hast mich erforscht und kennst mich. 2 Ob ich sitze oder
stehe, du kennst es. Du durchschaust meine Gedanken
von fern. 3 Ob ich gehe oder ruhe, du hast es gemessen.
Du bist vertraut mit all meinen Wegen. 4 Ja, noch nicht
ist das Wort auf meiner Zunge, siehe, HERR, da hast du
es schon völlig erkannt. 5 Von hinten und von vorn hast
du mich umschlossen, hast auf mich deine Hand gelegt.
6 Zu wunderbar ist für mich dieses Wissen, zu hoch,
ich kann es nicht begreifen. 7 Wohin kann ich gehen vor
deinem Geist, wohin vor deinem Angesicht fliehen?
8 Wenn ich hinaufsteige zum Himmel – dort bist du; wenn
ich mich lagerte in der Unterwelt – siehe, da bist du.
9 Nähme ich die Flügel des Morgenrots, ließe ich mich
nieder am Ende des Meeres, 10 auch dort würde deine Hand
mich leiten und deine Rechte mich ergreifen. 11 Würde
ich sagen: Finsternis soll mich verschlingen und das Licht
um mich soll Nacht sein! 12 Auch die Finsternis ist nicht
finster vor dir, die Nacht leuchtet wie der Tag, wie das
Licht wird die Finsternis. 13 Du selbst hast mein Innerstes
geschaffen, hast mich gewoben im Schoß meiner Mutter.
14 Ich danke dir, dass ich so staunenswert und wunderbar
gestaltet bin. Ich weiß es genau: Wunderbar sind deine
Werke.

(Ps 139,1–14)

WORKSHOP ZU

PSALM 139,1-14

Idee von JAQUELINE METZLAFF

Zeitbudget insgesamt für diese Workshop-Einheit: 1,5 h

1 EINSTIEG (Zeitbudget: 5 min)

Begrüßung

Hier stellt ihr das Thema vor und solltet die Angst vor der kreativen Hürde nehmen: Jeder ist ein Künstler! Wenn die kreative Bibelarbeit für euch und eure Gruppe noch Neuland ist, könnt ihr hier auch kurz erklären, was es damit auf sich hat. Anregungen dazu findet ihr auf den ersten Seiten dieses Buches.

Einstiegs-Gebet z.B.

Vater im Himmel,
wir danken Dir, dass Du uns jeden Tag neu mit offenen Armen empfängst.
Danke, dass Du uns mit Deinem liebenden Blick anschaust, dass wir gut sind in Deinen Augen, genauso wie wir gerade sind, genau dort, wo wir gerade stehen in unserem Leben.
Danke, dass Du jeden Einzelnen von uns so wunderbar gestaltet hast.
Danke, dass Du uns niemals verlässt. Darauf wollen wir vertrauen, und mit dieser Hoffnung im Herzen wollen wir Dir diese Zeit der kreativen Bibelbetrachtung hinhalten.
Fülle diese Zeit mit Freude, Inspiration, Schönheit und Erkenntnis darüber,
wie außerordentlich gut wir in Deinen Augen sind.
Amen.

2 BIBELTEXT (Zeitbudget: 5-10 min)

- Zu Beginn wird der ausgewählte Bibeltext, Psalm 139,1-14, gemeinsam gelesen.
- In einer kurzen Zeit der Stille kann jeder Teilnehmer eingeladen werden, einen Vers laut vorzulesen, der sie/ihn besonders anspricht, der etwas in ihr/ihm auslöst (Bibel teilen). Wer mag, kann in Verbindung zu diesem Vers zusätzlich ein persönliches Gebet formulieren, das ihr/ihm einfällt und das ihren/seinen Dank Gott gegenüber ausdrückt.

3 VORBEREITUNGSPHASE (Zeitbudget: 10 min)

Bevor alle in die kreative Umsetzung des Bibeltextes gehen, kann man in eine stille Phase übergehen, in der sich jeder Teilnehmer zunächst für sich Gedanken zu den Versen macht. Dabei können ausgesuchte Reflexionsfragen helfen. Auf dem Concept Sheet (Ideenpapier) kann jeder seine Gedanken festhalten. In einem gemeinsamen Brainstorming können die Gedanken dann in der Gruppe geteilt werden.

3.1. In Stille jeder für sich (Zeitbudget: 10 min)

Concept Sheet ausfüllen

- Welcher Vers ist Dir in der Zeit des Bibel Teilens besonders wichtig geworden?
- Was spricht Dich an diesem Vers an?
- An welche Wörter denkst Du dabei?
- Was löst es in Dir aus, wenn Du den Vers aussprichst? Welche Gedanken kommen Dir dazu in den Sinn? Was empfindest Du dabei?
- Auf welche Situation in Deinem Leben kannst Du diesen Vers beziehen?
- Könnte dieser Vers ein Motto für den heutigen Tag für Dich werden? Vielleicht ist es eine Möglichkeit, diesen Vers heute ganz bewusst bildlich darzustellen.

3.2. Gemeinsames Brainstorming oder jeder für sich (Zeitbudget: 10 min)

Hier kann man sich entscheiden, entweder in der Gruppe ein Brainstorming zusammen auf einer Flipchart oder ähnlichem umzusetzen oder weiter in Stille Ideen zu sammeln. Wenn ihr ein gemeinsames Brainstorming macht, könnt ihr nun zunächst die Gedanken aus der stillen Zeit teilen.

Sammelt nun auch Ideen, wie ihr diese Gedanken für euch kreativ umsetzen könnt:

- Welche Symbole drücken für Dich die Bedeutung der Bibelstelle aus?
- Welche Farben kommen Dir in den Sinn? Spiegeln sie Deine Empfindungen wider?
  - z.B. **Vertrauen** = rote, warme Farben
  - z.B. **Licht** = gelb, helle Farben
  - z.B. **Nacht Finsternis** = dunkle Farben, schwarz, blau
  - z.B. **Wandel von Finsternis zu Licht, von Nacht zu Tag** = Farbverlauf von dunkel zu hell
- Welche Bilder und Metaphern sind Dir wichtig?
  - z.B. **Du kennst mich** = Hand in Hand, Herz
  - z.B. **staunenswert** = Schriftzug STAUNENSWERT, WOW, strahlende Sonne,
  - z.B. **hast mich gewoben im Schoss meiner Mutter** = Mutter und Kind

An dieser Stelle könnt ihr auf eurem Concept Sheet Ideen erstmal ausprobieren, Skizzen zeichnen, Kreativtechniken testen usw.
Anregungen für kreative Ideen und Anleitungen für verschiedene Kreativtechniken findet ihr ihm zweiten Teil des Buches.

3.3. **Materialauswahl** (Zeitbudget: 5 min)

Hier sucht sich jeder die Bastelmaterialien zusammen, die er/sie für das eigene Projekt benötigt.

Diesen Teil des Workshops könnt ihr mit der Pause verbinden.

Pause: 5-10 min

4 **JETZT GEHT ES LOS – KREATIVE GESTALTUNG** (Zeitbudget: 25-30 min)

Jetzt geht es richtig los: Nun könnt ihr eure Ideen und Gedanken kreativ umsetzen. Dafür könnt ihr entweder die Bibel zum Selbstgestalten verwenden oder die Kopiervorlage.

Mögliche Anleitung:
Wenn Du gleich ans Gestalten gehst, versuche dabei eine Haltung des Gebets einzunehmen. Vielleicht kannst Du die Bibelstelle oder einen Vers, der Dir besonders wichtig ist, in Gedanken immer mal erneut wiederholen, sodass er Dir zum Gebet wird. Lass Dich von dem inspirieren, was das Bibelwort in Dir auslöst. Lass Dich von Gottes Liebe beschenken. So kann selbst Dein kreatives Malen zu einem Gebet werden. Wenn Du magst, komm während des Gestaltens ins Gespräch mit Gott und sprich ihm zu, an welchem Punkt der Vers Dich gerade anspricht.

5 AUSTAUSCH IN DER GRUPPE
(Zeitbudget: 10-15 min)

Jeder stellt das eigene Projekt vor und erläutert (wenn gewünscht) den persönlichen Zugang:

- Was bedeutet Dir dieser Bibeltext persönlich?
- Wie hast Du das kreativ ausgedrückt?
- Was nimmst Du aus dieser Zeit für Dich mit?

Es darf natürlich auch ein ganz intuitiver Zugang sein, der nicht in Worte gefasst werden muss.

6 ABSCHLUSSGEBET UND VERABSCHIEDUNG (Zeitbudget: 5 min)

Entweder wird ein allgemeines Abschlussgebet gesprochen oder der Leiter/die Leiterin oder eine benannte Person spricht ein Gebet, das noch einmal auf das Thema eingeht und den gemeinsamen kreativen Austausch abrundet.

Abschlussgebet, z.B.:

> Herr Jesus,
> wir danken Dir für diesen gemeinsamen kreativen Austausch.
> Danke, dass Du uns heute einen ganz neuen Zugang zu Deinem Wort gegeben hast.
> Dass wir Dir unsere persönliche Lebenssituation hinhalten und uns von Dir ansprechen lassen durften.
> Möge Dein Wort auf offene Herzen treffen, die verwandelt werden durch Deine Liebe.
> Schenke uns Erkenntnis darüber, was Du uns persönlich durch Dein Wort zusprechen möchtest. Schenke uns Kreativität, um Dein Wort in sichtbare Zeichen zu wandeln.
>
> Herr, wir danken Dir, dass Du uns so staunenswert und wunderbar geschaffen hast. Dass wir kostbar in Deinen Augen sind. Lass uns diese Erkenntnis weiter in unseren Herzen tragen. Möge sie uns begleiten in unseren Alltag hinein. Und schenke uns den Mut, diese Erkenntnis auch unseren Mitmenschen mitzuteilen: dass sie von Dir geliebt und von Ewigkeit her ersehnt sind. Schenke uns diesen Deinen Blick der wertschätzenden Liebe auch auf die Menschen, die in den Augen der Welt klein und schwach sind. Du hast auch sie bereits im Schoß ihrer Mutter gekannt und geliebt.
> Danke Herr, Du guter Vater.
> Segne uns in Jesu Namen.
> Amen.

MEN 138,8–139,20

…t deine Hand aus, *
…te hilft mir.
…RR wird es für mich vollenden. /
…ne Huld währt ewig. *
…ab von den Werken deiner Hände!
…111,1 / 2: 5,8; Dan 6,11 / 4: 68,33; Jes 2,3 / 6: Jes 57,15; Lk 1,51f. / 7: 23,…

…EN IN GOTTES ALLGEGENWART

139 1 Für den Chormeister. Von David. Ein Psalm.
HERR, du hast mich erforscht und kennst mich.
2 Ob ich sitze oder stehe, du kennst es. *
Du durchschaust meine Gedanken von fern.
3 Ob ich gehe oder ruhe, du hast es gemessen. *
Du bist vertraut mit all meinen Wegen.
4 Ja, noch nicht ist das Wort auf meiner Zunge, *
siehe, HERR, da hast du es schon völlig erkannt.
5 Von hinten und von vorn hast du mich umschlossen,
hast auf mich deine Hand gelegt.
6 Zu wunderbar ist für mich dieses Wissen, *
zu hoch, ich kann es nicht begreifen.
7 Wohin kann ich gehen vor deinem Geist, *
wohin vor deinem Angesicht fliehen?
8 Wenn ich hinaufstiege zum Himmel – dort bist du; *
wenn ich mich lagerte in der Unterwelt – siehe, da bist du.
9 Nähme ich die Flügel des Morgenrots, *
ließe ich mich nieder am Ende des Meeres,
10 auch dort würde deine Hand mich leiten *
und deine Rechte mich ergreifen.
11 Würde ich sagen: Finsternis soll mich verschlingen *
und das Licht um mich soll Nacht sein!
12 Auch die Finsternis ist nicht finster vor dir, /
die Nacht leuchtet wie der Tag, *
wie das Licht wird die Finsternis.
13 Du selbst hast mein Innerstes geschaffen, *
hast mich gewoben im Schoß meiner Mutter.
14 Ich danke dir, dass ich so staunenswert und wunderbar
gestaltet bin. *
Ich weiß es genau: Wunderbar sind deine Werke.
15 Dir waren meine Glieder nicht verborgen, /
als ich gemacht wurde im Verborgenen, *
gewirkt in den Tiefen der Erde.
16 Als ich noch gestaltlos war, *
sahen mich bereits deine Augen.
In deinem Buch sind sie alle verzeichnet: die Tage, *
die schon geformt waren, als noch keiner von ihnen da war.
17 Wie kostbar sind mir deine Gedanken, Gott! *
Wie gewaltig ist ihre Summe!
18 Wollte ich sie zählen, sie sind …
Ich erwache und noch immer bin …
19 Wolltest du, Gott, doch den …
Ihr blutgierigen Menschen, weich…
20 Sie nennen dich in böser Absicht…
deine Feinde missbrauchen deinen Na…

PSALMEN 139,21–141,1
hasst sein, HERR, die dich hassen, *
die sich gegen dich

Mose weidete die Schafe und Ziegen seines Schwiegervaters Jitro, des Priesters von Midian. Eines Tages trieb er das Vieh über die Steppe hinaus und kam zum Gottesberg Horeb. Dort erschien ihm der Engel des HERRN in einer Feuerflamme mitten aus dem Dornbusch. Er schaute hin: Der Dornbusch brannte im Feuer, aber der Dornbusch wurde nicht verzehrt. Mose sagte: Ich will dorthin gehen und mir die außergewöhnliche Erscheinung ansehen. Warum verbrennt denn der Dornbusch nicht? Als der HERR sah, dass Mose näher kam, um sich das anzusehen, rief Gott ihm mitten aus dem Dornbusch zu: Mose, Mose! Er antwortete: Hier bin ich.

(Ex 3,1-4)

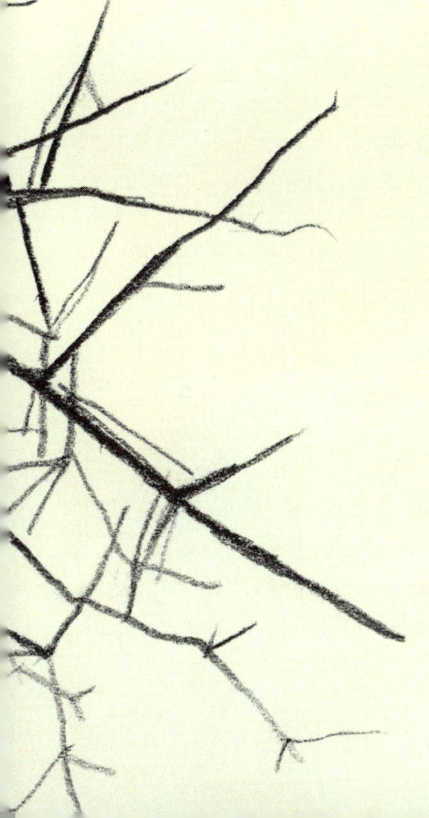

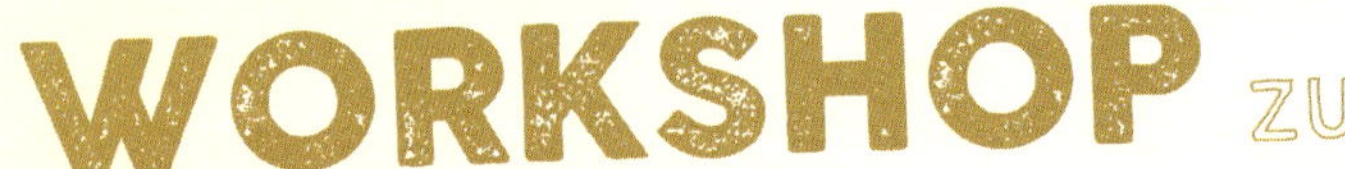

WORKSHOP ZU EXODUS 3,1-4

Idee von JAQUELINE METZLAFF

Zeitbudget insgesamt für diese Workshop-Einheit: 1,5 h

1 EINSTIEG (Zeitbudget: 5 min)

Begrüßung

Hier stellt ihr das Thema vor und solltet die Angst vor der kreativen Hürde nehmen: Jeder ist ein Künstler! Wenn die kreative Bibelarbeit für euch und eure Gruppe noch Neuland ist, könnt ihr hier auch kurz erklären, was es damit auf sich hat. Anregungen dazu findet ihr auf den ersten Seiten dieses Buches.

Einstiegs-Gebet z.B.

Guter Vater,
wir danken Dir für Deine beständige Gegenwart in unserem Leben. Danke, dass Du uns ganz besonders in Deinem Wort begegnen willst. Wir sehnen uns danach, mehr von Dir zu entdecken, so wie Mose Dich darum bat: Lass mich Deine Herrlichkeit schauen!
So wollen wir uns heute auch ganz nach Deiner Liebe ausstrecken und Dich darum bitten, dass Du unsere Herzen ganz weit machst für die kreative Begegnung mit Dir in Deinem Wort. Lass uns erfahren, was dieses Dein Wort heute genau in unsere jeweilige Situation hineinsprechen möchte.
Amen.

2 BIBELTEXT (Zeitbudget: 5-10 min)

- Zu Beginn wird der ausgewählte Bibeltext, Ex 3,1-4, gemeinsam gelesen. Ihr könnt den ganzen Text lesen oder einzelne Verse. Zusätzlich können Vergleich- und Parallelstellen gelesen werden.
- Gemeinsam können Details zur beschriebenen Szene gesammelt und an eine Flipchart geschrieben werden: Wo? Wer? Was befindet sich dort? Was ereignet sich? Warum spricht Gott Mose beim Namen an?

3 VORBEREITUNGSPHASE (Zeitbudget: 10 min)

Bevor alle in die kreative Umsetzung des Bibeltextes gehen, kann man in eine stille Phase übergehen, in der sich jeder Teilnehmer zunächst für sich Gedanken zu den Versen macht. Dabei können ausgesuchte Reflexionsfragen helfen. Auf dem Concept Sheet (Ideenpapier) kann jeder seine Gedanken festhalten. In einem gemeinsamen Brainstorming können die Gedanken dann in der Gruppe geteilt werden.

3.1. In Stille jeder für sich (Zeitbudget: 10 min)

Concept Sheet ausfüllen

- Wir haben eben die Bibelstelle von Moses Begegnung mit Gott gelesen – Welch ein Abenteuer erlebt Mose da gerade?! Stell Dir vor, Du wärst in derselben Situation wie Mose: Wie würdest Du Dich in dieser Situation fühlen? (Angst, Ehrfurcht, Scham, Freude, Staunen, ...?)
- Was ginge in Dir vor, wenn Gott Dir so konkret begegnen würde?
- Mose entgegnet dem Herrn ganz offen und ehrlich: Hier bin ich. Was könnte er mit diesem Satz ausdrücken wollen?
- Stell Dir vor, Gott spricht Dich persönlich beim Namen an, Du spürst ganz deutlich seine Nähe und seinen Ruf nach Dir. Was würdest Du ihm Antworten?

Bevor es an die kreative Gestaltung der Bibelstelle geht, könnt ihr euch in Kleingruppen von jeweils 3-4 Personen über die Fragen und die gelesene Bibelstelle austauschen: Wie würde es Dir in so einer Situation ergehen?

3.2. Gemeinsames Brainstorming oder jeder für sich (Zeitbudget: 10 min)

Hier kann man sich entscheiden, entweder in der Gruppe ein Brainstorming zusammen auf einer Flipchart oder ähnlichem umzusetzen oder weiter in Stille Ideen zu sammeln.

Sammelt nun auch Ideen, wie ihr diese Gedanken für euch kreativ umsetzen könnt:

- Welche Symbole, Bilder oder Metaphern fallen Dir hierzu ein?
  - z.B. **Berg** = Berg, Wegpfeiler, Steinhügel, Gipfelkreuz, Höhle, Baum, Pfad
  - z.B. **Brennender Dornbusch** = Flamme, Schriftzug „Ich bin der Ich bin da.“, Blume mit Dornen
  - z.B. **Hier bin ich** = Offene Arme, Ausrufezeichen

- Welche Farben kommen Dir in den Sinn?
  - z.B. **Berg** = Grün-, Grau- und Brauntöne
  - z.B. **Brennender Dornbusch** = leuchtende Farben in Rot-Tönen
  - z.B. **Hier bin ich** = weiß, himmelblau, gold

An dieser Stelle könnt ihr auf eurem Concept Sheet Ideen erstmal ausprobieren, Skizzen zeichnen, Kreativtechniken testen usw.
Anregungen für kreative Ideen und Anleitungen für verschiedene Kreativtechniken findet ihr ihm zweiten Teil des Buches.

3.3. Materialauswahl (Zeitbudget: 5 min)

Hier sucht sich jeder die Bastelmaterialien zusammen, die er/sie für das eigene Projekt benötigt.

Passendes vom Bibelwerk zu diesem Bibeltext:

- Washi-Tape Design rot (EAN: 4032382281452)

Diesen Teil des Workshops könnt ihr mit der Pause verbinden.

Pause: 5-10 min

4 JETZT GEHT ES LOS – KREATIVE GESTALTUNG (Zeitbudget: 25-30 min)

Jetzt geht es richtig los: Nun könnt ihr eure Ideen und Gedanken kreativ umsetzen. Dafür könnt ihr entweder die Bibel zum Selbstgestalten verwenden oder die Kopiervorlage.

5 AUSTAUSCH IN DER GRUPPE (Zeitbudget: 10-15 min)

Jeder stellt das eigene Projekt vor und erläutert (wenn gewünscht) den persönlichen Zugang:

- Was bedeutet Dir dieser Bibeltext persönlich?
- Hat sich Dein Zugang zum Bibeltext durch die kreative Beschäftigung damit verändert?

Es darf natürlich auch ein ganz intuitiver Zugang sein, der nicht in Worte gefasst werden muss.

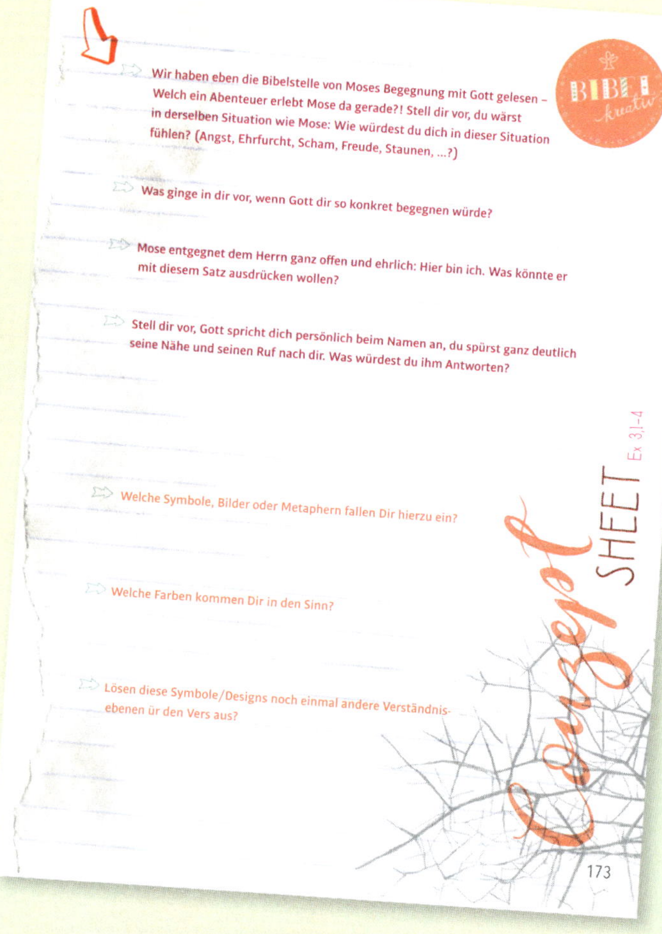

BIBEL kreativ

Wir haben eben die Bibelstelle von Moses Begegnung mit Gott gelesen – Welch ein Abenteuer erlebt Mose da gerade?! Stell dir vor, du wärst in derselben Situation wie Mose: Wie würdest du dich in dieser Situation fühlen? (Angst, Ehrfurcht, Scham, Freude, Staunen, ...?)

Was ginge in dir vor, wenn Gott dir so konkret begegnen würde?

Mose entgegnet dem Herrn ganz offen und ehrlich: Hier bin ich. Was könnte er mit diesem Satz ausdrücken wollen?

Stell dir vor, Gott spricht dich persönlich beim Namen an, du spürst ganz deutlich seine Nähe und seinen Ruf nach dir. Was würdest du ihm Antworten?

Welche Symbole, Bilder oder Metaphern fallen Dir hierzu ein?

Welche Farben kommen Dir in den Sinn?

Lösen diese Symbole/Designs noch einmal andere Verständnisebenen ür den Vers aus?

Konzept SHEET Ex 3,1-4

173

6 ABSCHLUSSGEBET UND VERABSCHIEDUNG (Zeitbudget: 5 min)

Entweder wird ein allgemeines Abschlussgebet gesprochen oder der Leiter/die Leiterin oder eine benannte Person spricht ein Gebet, das noch einmal auf das Thema eingeht und den gemeinsamen kreativen Austausch abrundet.

Abschlussgebet, z.B.:

> Herr,
> Du bist unser guter Vater, der immer bei uns ist und dessen Feuer der Liebe nie erlischt.
> Schenke uns hörende Ohren für Dein Wort und sehende Augen für Deine Schönheit in der ganzen Schöpfung.
> Danke, dass Du uns diesen kreativen Zugang zu Deinem Wort schenkst.
> Dass wir aus Deinem Wort so unglaublich viel für unser Leben ziehen können.
> Zeig uns, wie Du uns ganz konkret in unserem Leben begegnen möchtest.
> Öffne unsere Herzen, sodass wir Dir voll und ganz unser Ja, unsere Bereitschaft mit den Worten: „Hier bin ich.", geben können.
> Herr, sei Du bei uns, alle Tage unseres Lebens und segne uns in Jesu Namen.
> Amen.

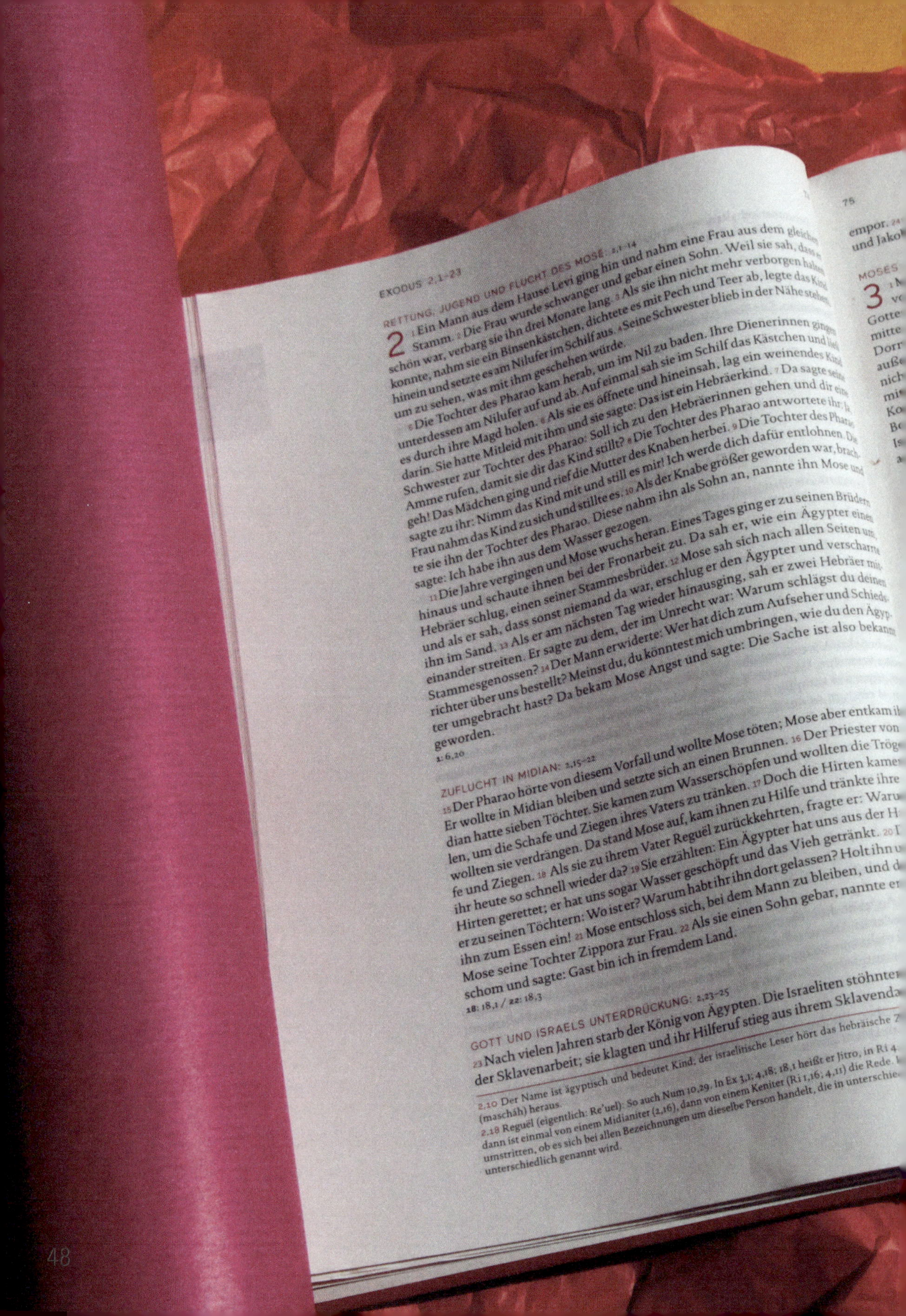

RETTUNG, JUGEND UND FLUCHT DES MOSE: 2,1–14

2 1 Ein Mann aus dem Hause Levi ging hin und nahm eine Frau aus dem gleichen
Stamm. 2 Die Frau wurde schwanger und gebar einen Sohn. Weil sie sah, dass es
schön war, verbarg sie ihn drei Monate lang. 3 Als sie ihn nicht mehr verborgen halten
konnte, nahm sie ein Binsenkästchen, dichtete es mit Pech und Teer ab, legte das Kind
hinein und setzte es am Nilufer im Schilf aus. 4 Seine Schwester blieb in der Nähe stehen,
um zu sehen, was mit ihm geschehen würde.
5 Die Tochter des Pharao kam herab, um im Nil zu baden. Ihre Dienerinnen gingen
unterdessen am Nilufer auf und ab. Auf einmal sah sie im Schilf das Kästchen und ließ
es durch ihre Magd holen. 6 Als sie es öffnete und hineinsah, lag ein weinendes Kind
darin. Sie hatte Mitleid mit ihm und sie sagte: Das ist ein Hebräerkind. 7 Da sagte seine
Schwester zur Tochter des Pharao: Soll ich zu den Hebräerinnen gehen und dir eine
Amme rufen, damit sie dir das Kind stillt? 8 Die Tochter des Pharao antwortete ihr: Ja,
geh! Das Mädchen ging und rief die Mutter des Knaben herbei. 9 Die Tochter des Pharao
sagte zu ihr: Nimm das Kind mit und still es mir! Ich werde dich dafür entlohnen. Die
Frau nahm das Kind zu sich und stillte es. 10 Als der Knabe größer geworden war, brach-
te sie ihn der Tochter des Pharao. Diese nahm ihn als Sohn an, nannte ihn Mose und
sagte: Ich habe ihn aus dem Wasser gezogen.
11 Die Jahre vergingen und Mose wuchs heran. Eines Tages ging er zu seinen Brüdern
hinaus und schaute ihnen bei der Fronarbeit zu. Da sah er, wie ein Ägypter einen
Hebräer schlug, einen seiner Stammesbrüder. 12 Mose sah sich nach allen Seiten um,
und als er sah, dass sonst niemand da war, erschlug er den Ägypter und verscharrte
ihn im Sand. 13 Als er am nächsten Tag wieder hinausging, sah er zwei Hebräer mit-
einander streiten. Er sagte zu dem, der im Unrecht war: Warum schlägst du deinen
Stammesgenossen? 14 Der Mann erwiderte: Wer hat dich zum Aufseher und Schieds-
richter über uns bestellt? Meinst du, du könntest mich umbringen, wie du den Ägypter umgebracht hast? Da bekam Mose Angst und sagte: Die Sache ist also bekannt
geworden.

1: 6,20

ZUFLUCHT IN MIDIAN: 2,15–22

15 Der Pharao hörte von diesem Vorfall und wollte Mose töten; Mose aber entkam ih
Er wollte in Midian bleiben und setzte sich an einen Brunnen. 16 Der Priester von
dian hatte sieben Töchter. Sie kamen zum Wasserschöpfen und wollten die Tröge
len, um die Schafe und Ziegen ihres Vaters zu tränken. 17 Doch die Hirten kamen
wollten sie verdrängen. Da stand Mose auf, kam ihnen zu Hilfe und tränkte ihre
fe und Ziegen. 18 Als sie zu ihrem Vater Reguël zurückkehrten, fragte er: Waru
ihr heute so schnell wieder da? 19 Sie erzählten: Ein Ägypter hat uns aus der H
Hirten gerettet; er hat uns sogar Wasser geschöpft und das Vieh getränkt. 20 I
er zu seinen Töchtern: Wo ist er? Warum habt ihr ihn dort gelassen? Holt ihn u
ihn zum Essen ein! 21 Mose entschloss sich, bei dem Mann zu bleiben, und d
Mose seine Tochter Zippora zur Frau. 22 Als sie einen Sohn gebar, nannte er
schom und sagte: Gast bin ich in fremdem Land.

18: 18,1 / 22: 18,3

GOTT UND ISRAELS UNTERDRÜCKUNG: 2,23–25

23 Nach vielen Jahren starb der König von Ägypten. Die Israeliten stöhnten
der Sklavenarbeit; sie klagten und ihr Hilferuf stieg aus ihrem Sklavenda

2,10 Der Name ist ägyptisch und bedeutet Kind; der israelitische Leser hört das hebräische Z
(maschâh) heraus.
2,18 Reguël (eigentlich: Re'uel): So auch Num 10,29. In Ex 3,1; 4,18; 18,1 heißt er Jitro, in Ri 4
dann ist einmal von einem Midianiter (2,16), dann von einem Keniter (Ri 1,16; 4,11) die Rede. I
umstritten, ob es sich bei allen Bezeichnungen um dieselbe Person handelt, die in unterschie
unterschiedlich genannt wird.

EXODUS 2,24–3,21
HIER
BIN
ICH

Er bestimmt die Zahl der Sterne und ruft sie alle mit Namen.

(Ps 147,4)

WORKSHOP ZU PSALM 147,4

Idee von FRANZISKA STRECKER

Zeitbudget insgesamt für diese Workshop-Einheit: 1,5 h

1 EINSTIEG (Zeitbudget: 5 min)

Begrüßung

Hier stellt ihr das Thema vor und solltet die Angst vor der kreativen Hürde nehmen: Jeder ist ein Künstler! Wenn die kreative Bibelarbeit für euch und eure Gruppe noch Neuland ist, könnt ihr hier auch kurz erklären, was es damit auf sich hat. Anregungen dazu findet ihr auf den ersten Seiten dieses Buches.

Einstiegs-Gebet z.B.

Herr,
wir danken Dir, dass wir uns heute treffen können, um uns gemeinsam auf kreative Weise mit Deinem Wort zu beschäftigen.
Schenke uns durch unsere kreative Auseinandersetzung mit Deinem Wort ein tieferes Verständnis. Hilf uns, dass wir Dich besser kennenlernen und lass uns wachsen in der Freundschaft zu Dir. Wir bitten Dich um Deinen Segen für unseren heutigen Austausch und unsere gemeinsame Zeit.
Amen.

2 BIBELTEXT (Zeitbudget: 5-10 min)

- Zu Beginn wird der ausgewählte Bibeltext, Psalm 147,4, gemeinsam gelesen. Zusätzlich können Vergleich- und Parallelstellen gelesen werden.
- An dieser Stelle könnt ihr auch erklären, warum genau dieser Bibeltext ausgewählt wurde (Lieblingsvers von ...; Losung, Zufall, thematischer Schwerpunkt)

3 VORBEREITUNGSPHASE (Zeitbudget: 10 min)

Bevor alle in die kreative Umsetzung des Bibeltextes gehen, kann man in eine stille Phase übergehen, in der sich jeder Teilnehmer zunächst für sich Gedanken zu den Versen macht. Dabei können ausgesuchte Reflexionsfragen helfen. Auf dem Concept Sheet (Ideenpapier) kann jeder seine Gedanken festhalten. In einem gemeinsamen Brainstorming können die Gedanken dann in der Gruppe geteilt werden.

3.1. In Stille jeder für sich (Zeitbudget: 10 min)

Concept Sheet ausfüllen

- Welche Wörter stecken in dem Vers?
  - z.B. **Berg** = Zahl, Sterne, Namen, ruft
- Welche Emotionen lösen diese Worte aus? Welche Stimmung wird vermittelt?
  - z.B. **Sterne** = Weite, geheimnisvoll, Dunkelheit, Ungewissheit
  - z.B. **Namen** = Vertrautheit, Sicherheit, Segen, Familie, geboren sein
  - z.B. **ruft** = zuhören, aufmerksam sein, gerufen werden, aufgefordert werden
- Gibt es Synonyme oder Antonyme, die zur Erschließung des Textes helfen?
  - z.B. **Sterne**: Gegenteil = Schwarzes Loch
  - z.B. **Name,Vertrautheit** ≠ Fremdheit
  - z.B. **rufen** ≠ schweigen (uninteressiert, teilnahmslos)
- Gibt es andere Bibelstellen, die Dir zu diesem Thema einfallen?
  - z.B. Gen 12,1-9, Ps 146,6, Ps 121,1
- In welchem Kontext steht der Vers?
  - Ps 147: Bekenntnis zu Gott
- Passt diese Bibelstelle besonders in unsere aktuelle Zeit? Wenn ja, warum?
  Viele Menschen scheinen heute in der Masse unterzugehen. Der Bibelvers macht uns bewusst, dass jeder von Gott gesehen wird, dass Gott jeden von uns beim Namen kennt. Gott sieht und liebt uns alle.

3.2. Gemeinsames Brainstorming oder jeder für sich (Zeitbudget: 10 min)

Hier kann man sich entscheiden, entweder in der Gruppe ein Brainstorming zusammen auf einer Flipchart oder ähnlichem umzusetzen oder weiter in Stille Ideen zu sammeln. Wenn ihr ein gemeinsames Brainstorming macht, könnt ihr nun zunächst die Gedanken aus der stillen Zeit teilen.

Sammelt nun auch Ideen, wie ihr diese Gedanken für euch kreativ umsetzen könnt:

- Welche Symbole, Bilder oder Metaphern fallen Dir hierzu ein?
  - z.B. **Namen** = Gesichter, Menschen, Buchstaben
  - z.B. **Sterne** = Sterne, Sternenhimmel, Himmel, Galaxie, Sternschnuppe, Teleskop, Sternwarte, Mond, Wolken, Nacht, Planeten, Laterne, Licht, der kleine Prinz, wie Sand am Meer

- z.B. [ruft]= Mund, Megafon, Sprechrohr, Sprechblase, Ohr

⇨ Welche Farben kommen Dir in den Sinn?
z.B. dunkelblau, schwarz, weiß, gold, gelb, lila

⇨ Lösen diese Symbole/Designs noch einmal andere Verständnisebenen für den Vers aus?

An dieser Stelle könnt ihr auf eurem Concept Sheet Ideen erstmal ausprobieren, Skizzen zeichnen, Kreativtechniken testen usw.
Anregungen für kreative Ideen und Anleitungen für verschiedene Kreativtechniken findet ihr ihm zweiten Teil des Buches.

3.3 Materialauswahl (Zeitbudget: 5 min)

Hier sucht sich jeder die Bastelmaterialien zusammen, die er/sie für das eigene Projekt benötigt.

Passendes vom Bibelwerk zu diesem Bibeltext:

- Stempel PS 147,4, EAN: 40-60504-00019-3
- DIY-Vorlagenbuch, ISBN 978-3-460-30460-4 (Seite: 8, 9, 16)

Diesen Teil des Workshops könnt ihr mit der Pause verbinden.

Pause: 5-10 min

4 JETZT GEHT ES LOS – KREATIVE GESTALTUNG (Zeitbudget: 25-30 min)

Jetzt geht es richtig los: Nun könnt ihr eure Ideen und Gedanken kreativ umsetzen.
Dafür könnt ihr entweder die Bibel zum Selbstgestalten verwenden oder die Kopiervorlage.

5 AUSTAUSCH IN DER GRUPPE (Zeitbudget: 10-15 min)

Jeder stellt das eigene Projekt vor und erläutert (wenn gewünscht) den persönlichen Zugang:

⇨ Was bedeutet Dir dieser Bibeltext persönlich?
⇨ Hat sich Dein Zugang zum Bibeltext durch die kreative Beschäftigung damit verändert?

Es darf natürlich auch ein ganz intuitiver Zugang sein, der nicht in Worte gefasst werden muss.

6 ABSCHLUSSGEBET UND VERABSCHIEDUNG (Zeitbudget: 5 min)

Entweder wird ein allgemeines Abschlussgebet gesprochen oder der Leiter/die Leiterin oder eine benannte Person spricht ein Gebet, das noch einmal auf das Thema eingeht und den gemeinsamen kreativen Austausch abrundet.

Abschlussgebet, z.B.:

> Herr,
> wir danken Dir für diese gemeinsame Zeit und unseren kreativen Austausch.
> Du bist größer als alles, was wir uns vorstellen können. Du hast die Zahl der Sterne bestimmt und sie beim Namen gerufen. Wir danken Dir, dass Du auch jeden von uns beim Namen genannt hast und mit Deinem liebenden Blick auf uns schaust. Wir bitten Dich: schenke uns offene Augen und ein wachsames Herz, damit wir achtsam durch unseren Alltag gehen und Deine Größe und Schönheit in der Schöpfung erkennen. Wir wollen Dich loben, denn Du bist es wert!
> Amen.

STARS
147
3 Er heilt, die gebrochenen Herzens sind,
er verbindet ihre Wunden.
4 Er bestimmt die Zahl der Sterne

148
lobt ihn in den Höhen;
2 Lobt ihn, all seine Engel,
ihr Wasser über dem
5 Loben sollen
denn er gebot
6 Er stellte
ein Gesetz

LOVE
LOVE

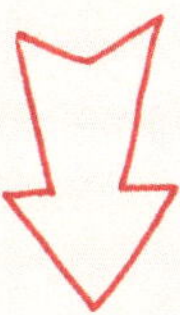

Höre, Israel! Der HERR, unser Gott, der HERR ist einzig. Darum sollst du den HERRN, deinen Gott, lieben mit ganzem Herzen, mit ganzer Seele und mit ganzer Kraft. Und diese Worte, auf die ich dich heute verpflichte, sollen auf deinem Herzen geschrieben stehen.

(Dtn 6,4-6)

LOVE

WORKSHOP ZU DEUTERONOMIUM 6,4-6

Idee von JAQUELINE METZLAFF

Zeitbudget insgesamt für diese Workshop-Einheit: 1,5 h

1 EINSTIEG (Zeitbudget: 5 min)

Begrüßung

Hier stellt ihr das Thema vor und solltet die Angst vor der kreativen Hürde nehmen: Jeder ist ein Künstler! Wenn die kreative Bibelarbeit für euch und eure Gruppe noch Neuland ist, könnt ihr hier auch kurz erklären, was es damit auf sich hat. Anregungen dazu findet ihr auf den ersten Seiten dieses Buches.

Einstiegs-Gebet z.B.

Herr und Gott,
wir möchten heute vor Dich treten und Dir diese Zeit der kreativen Bibelarbeit hinhalten.
Wir wollen so kommen, wie wir gerade sind. Du weißt genau, wie es uns geht und
wo jeder einzelne von uns gerade steht. Du kennst uns und sehnst Dich danach, dass wir
Deine Liebe immer mehr annehmen. Offenbare uns mehr davon, was es heißt,
in Beziehung mit Dir zu leben. Eröffne uns einen neuen Zugang zu Deinem Wort.
Herr, wir bitten Dich, sei Du jetzt gegenwärtig in dieser Zeit.
Amen.

2 BIBELTEXT (Zeitbudget: 5-10 min)

- Zu Beginn wird der ausgewählte Bibeltext, Dtn 6,4-6, gemeinsam gelesen. Ihr könnt den ganzen Text lesen oder einzelne Verse. Zusätzlich können Vergleich- und Parallelstellen gelesen werden.
- An dieser Stelle könnt ihr auch erklären, warum genau dieser Bibeltext ausgewählt wurde (zentrales Gebot des Judentuns und auch unseres Glaubens, Beziehung mit Gott, Liebe mit Kopf, Herz und Bauch).

3 VORBEREITUNGSPHASE (Zeitbudget: 10 min)

Bevor alle in die kreative Umsetzung des Bibeltextes gehen, kann man in eine stille Phase übergehen, in der sich jeder Teilnehmer zunächst für sich Gedanken zu den Versen macht. Dabei können ausgesuchte Reflexionsfragen helfen. Auf dem Concept Sheet (Ideenpapier) kann jeder seine Gedanken festhalten. In einem gemeinsamen Brainstorming können die Gedanken dann in der Gruppe geteilt werden.

3.1. In Stille jeder für sich (Zeitbudget: 10 min)

Concept Sheet ausfüllen

- Was heißt es für Dich, jemanden ganz und gar zu lieben? Denke hierbei an eine Liebesbeziehung zwischen zwei Menschen, oder an eine sehr enge Freundschaft. Welche Eigenschaften hat ein liebender Mensch? Welches Verhalten zeigt jemand typischerweise, der verliebt ist? Mach Dir Notizen:
  - Eigenschaften:
  - Verhaltensweisen:
- Kannst Du diese Eigenschaften oder Verhaltensweisen auch bei Dir in bestimmten Situationen oder in Freundschaften erleben?
- Könntest Du Dir vorstellen, solch eine Liebe auch für Gott zu empfinden? Wer ist Gott für Dich persönlich? Wie äußerst Du ihm gegenüber Deine Liebe am ehesten?
- Nimm Dir einen kurzen Augenblick, um Gott zuzusprechen, was Du für Ihn empfindest und wer Er für Dich ist. Dabei kannst du ganz ehrlich sein, so wie Du bist, es braucht auch nicht viele Worte.

Wenn ihr mögt, könnt ihr zum Abschluss der stillen Zeit folgendes kurzes Gebet sprechen: Lieber Gott, Du kennst mich und Du weißt, was ich für Dich empfinde. Ich bitte Dich, lass mich Dich mehr und mehr lieben. Und schenk mir ein offenes Herz dafür, Deine Liebe anzunehmen. Amen.

3.2. Gemeinsames Brainstorming oder jeder für sich (Zeitbudget: 10 min)

Hier kann man sich entscheiden, entweder in der Gruppe ein Brainstorming zusammen auf einer Flipchart oder ähnlichem umzusetzen oder weiter in Stille Ideen zu sammeln. Wenn ihr ein gemeinsames Brainstorming macht, könnt ihr nun zunächst die Gedanken aus der stillen Zeit teilen.

Sammelt nun auch Ideen, wie ihr diese Gedanken für euch kreativ umsetzen könnt:

- Welche Symbole, Bilder oder Metaphern fallen Dir hierzu ein?
  - z.B. Herz, Blume, Eheringe, Schriftzug LOVE
- Welche Farben kommen Dir in den Sinn?
  - z.B. **Herz** = rot, rosa, pink
  - z.B. **Eheringe** = gold, weiß
  - z.B. **LOVE** = schwarz oder gold glitzernd

⇨ Verdeutlichen Dir die Designs/Symbole noch einen neuen Aspekt in dieser Bibelstelle?

An dieser Stelle könnt ihr auf eurem Concept Sheet Ideen erstmal ausprobieren, Skizzen zeichnen, Kreativtechniken testen usw.
Anregungen für kreative Ideen und Anleitungen für verschiedene Kreativtechniken findet ihr ihm zweiten Teil des Buches.

3.3. Materialauswahl (Zeitbudget: 5 min)

Hier sucht sich jeder die Bastelmaterialien zusammen, die er/sie für das eigene Projekt benötigt.

Passendes vom Bibelwerk zu diesem Bibeltext:

- Washi Tapes Design Rot: EAN 40-32322-28145-2

Diesen Teil des Workshops könnt ihr mit der Pause verbinden.

Pause: 5-10 min

4 JETZT GEHT ES LOS – KREATIVE GESTALTUNG (Zeitbudget: 25-30 min)

Jetzt geht es richtig los: Nun könnt ihr eure Ideen und Gedanken kreativ umsetzen.
Dafür könnt ihr entweder die Bibel zum Selbstgestalten verwenden oder die Kopiervorlage.

5 AUSTAUSCH IN DER GRUPPE (Zeitbudget: 10-15 min)

Jeder stellt das eigene Projekt vor und erläutert (wenn gewünscht) den persönlichen Zugang:

⇨ Was bedeutet Dir dieser Bibeltext persönlich?
⇨ Hat sich Dein Zugang zum Bibeltext durch die kreative Beschäftigung damit verändert?

Es darf natürlich auch ein ganz intuitiver Zugang sein, der nicht in Worte gefasst werden muss.

6 ABSCHLUSSGEBET UND VERABSCHIEDUNG (Zeitbudget: 5 min)

Entweder wird ein allgemeines Abschlussgebet gesprochen oder der Leiter/die Leiterin oder eine benannte Person spricht ein Gebet, das noch einmal auf das Thema eingeht und den gemeinsamen kreativen Austausch abrundet.

Abschlussgebet, z.B.:

> Herr,
> wir danken Dir für diesen gemeinsamen kreativen Austausch.
> Danke, dass Du uns ganz persönlich in dieser Zeit des Gebets und der Gestaltung des Bibelverses begegnet bist. Lass Dein Wort immer wieder neu lebendig werden und in unserem Leben Wurzeln schlagen. Lass uns gegründet sein in Deiner Liebe, die uns in Deinem Wort begegnet.
> Wir danken Dir, dass es Dir nicht wichtig ist, wieviel wir leisten, wieviel wir wissen oder wie gut wir aussehen. Dir ist nur Eines besonders wichtig, und zwar dass wir Dich lieben. Herr, befähige uns immer mehr, Dich aus ganzem Herzen zu lieben und mit all unserer Kraft. Danke, dass wir dabei niemals befürchten müssen, dass Du uns weniger liebst, wenn wir es mal nicht so gut schaffen. Danke, dass Du ein barmherziger Gott bist. Herr, Du bist einzig und gut. Danke für Deine Liebe.
> Segne uns in Jesu Namen.
> Amen.

GOTT
IST
einzig

Für jetzt bleiben Glaube, Hoffnung, Liebe, diese drei;
doch am größten unter ihnen ist die Liebe.

(1 Kor 13,13)

Idee von SONJA POHL

WORKSHOP ZU 1 KORINTHER 13,13

Zeitbudget insgesamt für diese Workshop-Einheit: 1,5 h

1 EINSTIEG (Zeitbudget: 5 min)

Begrüßung

Hier stellt ihr das Thema vor und solltet die Angst vor der kreativen Hürde nehmen: Jeder ist ein Künstler! Wenn die kreative Bibelarbeit für euch und eure Gruppe noch Neuland ist, könnt ihr hier auch kurz erklären, was es damit auf sich hat. Anregungen dazu findet ihr auf den ersten Seiten dieses Buches.

Einstiegs-Gebet z.B.

Guter Gott,
heute möchten wir Dir und Deinem Wort im kreativen Gestalten ganz nah kommen.
Öffne unsere Herzen und Gedanken für Dein Wort, damit es lebendig wird in uns und unserem Handeln. Schenke uns eine gute gemeinsame Zeit in der wir einander inspirieren und uns gegenseitig Raum geben für unsere Ideen.
Segne unser Reden und Zuhören, unser Malen und Zeichnen, unser Kleben und Schneiden, unser Nachdenken und unser kreatives Umsetzen. Denn Du bist bei uns in jedem Augenblick.
Amen.

2 BIBELTEXT (Zeitbudget: 5-10 min)

- Zu Beginn wird der ausgewählte Bibeltext, 1 Kor 13,13 gemeinsam gelesen. Zusätzlich können Vergleich- und Parallelstellen gelesen werden.
- An dieser Stelle könnt ihr auch erklären, warum genau dieser Bibeltext ausgewählt wurde (z.B. Ehevorbereitung, thematischer Schwerpunkt: (göttliche) Tugenden, Lieblingsvers; Zufall, ...)

3 VORBEREITUNGSPHASE (Zeitbudget: 10 min)

Bevor alle in die kreative Umsetzung des Bibeltextes gehen, kann man in eine stille Phase übergehen, in der sich jeder Teilnehmer zunächst für sich Gedanken zu den Versen macht. Dabei können ausgesuchte Reflexionsfragen helfen. Auf dem Concept Sheet (Ideenpapier) kann jeder seine Gedanken festhalten. In einem gemeinsamen Brainstorming können die Gedanken dann in der Gruppe geteilt werden.

3.1. In Stille jeder für sich (Zeitbudget: 10 min)

Concept Sheet ausfüllen

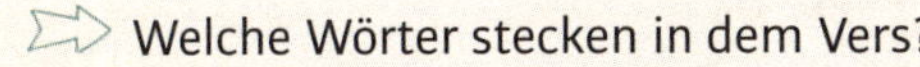

- Welche Wörter stecken in dem Vers?
  - z.B. **Glaube, Hoffnung, Liebe**

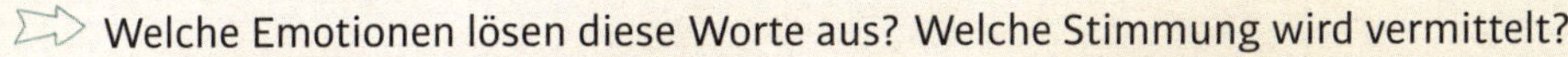

- Welche Emotionen lösen diese Worte aus? Welche Stimmung wird vermittelt?
  - z.B. **Glaube** = (an)Vertrauen, Ehrfurcht, Begeisterung, übernatürlich, Heimat, Zutrauen, haltgebend, Gottesfürchtigkeit
  - z.B. **Hoffnung** = hoffnungsvoll, Zuversicht, Optimismus, Sehnsucht, Erwartung
  - z.B. **Liebe** = Geborgenheit, angenommen sein, Wertschätzung, Harmonie, Zuneigung, Wärme, Hingabe, Sehnen, Bedingungslosigkeit, Leidenschaft, Zuwendung, akzeptiert werden
- Gibt es Synonyme oder Antonyme, die zur Erschließung des Textes helfen?
  - z.B. **Glaube** = Annahme, Fürwahrhalten, Religion, Weltanschauung, Überzeugung; ≠ Unglaube, Atheismus
  - z.B. **Hoffnung** = Zuversicht, Lichtblick, Wunsch, Optimismus; ≠ Hoffnungslosigkeit, Aussichtslosigkeit, Pessimismus, Resignation
  - z.B. **Liebe** = Agape, Zuneigung, Passion; ≠ Hass, Abscheu, Lieblosigkeit
- Gibt es andere Bibelstellen, die Dir zu diesem Thema einfallen? In welchem Kontext steht der Vers?
  z.B. Mt 22,37-39; 1 Kor 14,1; 1 Thess 1,3; 1 Thess 5,8; Hebr 10, 22-24
  Kontext des Verses: Im ersten Brief des Apostels Paulus an die Korinther reagiert Paulus auf Probleme und Fragen der Gemeinde. Dabei ist das „Hohelied der Liebe" (1 Kor 13) ein wichtiger Bestandteil des Briefes. Die Liebe setzt Paulus dabei als Grundlage allem anderen (christlichen) Handeln voraus. Die Liebe ist das größte Geschenk Gottes und führt uns wie eine Brücke zu ihm.

3.2. Gemeinsames Brainstorming oder jeder für sich (Zeitbudget: 10 min)

Hier kann man sich entscheiden, entweder in der Gruppe ein Brainstorming zusammen auf einer Flipchart oder ähnlichem umzusetzen oder weiter in Stille Ideen zu sammeln. Wenn ihr ein gemeinsames Brainstorming macht, könnt ihr nun zunächst die Gedanken aus der stillen Zeit teilen.

Sammelt nun auch Ideen, wie ihr diese Gedanken für euch kreativ umsetzen könnt:

- Welche Symbole, Bilder oder Metaphern fallen Dir hierzu ein?
  - z.B. **Glaube** = Kreuz, betende Hände, Taube, Fisch (Ichthys)
  - z.B. **Hoffnung** = Anker, keimender Same
  - z.B. **Liebe** = Herz, Unendlichkeitszeichen, sich umarmende Menschen
- Welche Farben kommen Dir in den Sinn?
  - z.B. **Glaube** = helle Farben
  - z.B. **Hoffnung** = grün
  - z.B. **Liebe** = rot, warme Farben
- Lösen diese Symbole/Designs noch einmal andere Verständnisebenen für den Vers aus?

An dieser Stelle könnt ihr auf eurem Concept Sheet Ideen erstmal ausprobieren, Skizzen zeichnen, Kreativtechniken testen usw.
Anregungen für kreative Ideen und Anleitungen für verschiedene Kreativtechniken findet ihr ihm zweiten Teil des Buches.

3.3. Materialauswahl (Zeitbudget: 5 min)

Hier sucht sich jeder die Bastelmaterialien zusammen, die er/sie für das eigene Projekt benötigt.

Passendes vom Bibelwerk zu diesem Bibeltext:

- Stempel 1 Kor 13,13, EAN 40-60504-00002-5
- Washi Tapes Design Rot, EAN 40-32382-281452

Diesen Teil des Workshops könnt ihr mit der Pause verbinden.

Pause: 5-10 min

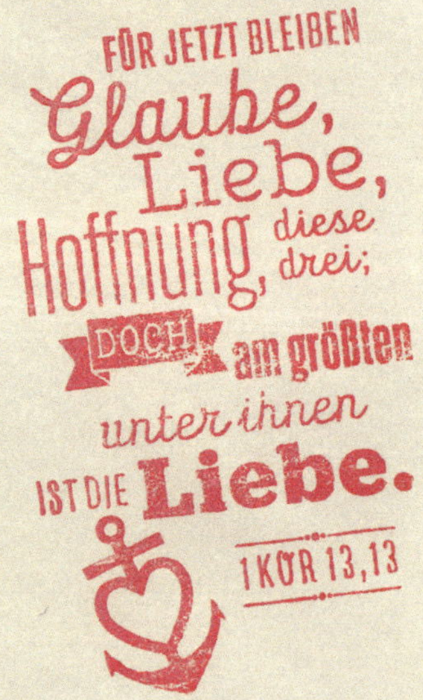

4 JETZT GEHT ES LOS – KREATIVE GESTALTUNG (Zeitbudget: 25-30 min)

Jetzt geht es richtig los: Nun könnt ihr eure Ideen und Gedanken kreativ umsetzen.
Dafür könnt ihr entweder die Bibel zum Selbstgestalten verwenden oder die Kopiervorlage.

5 AUSTAUSCH IN DER GRUPPE (Zeitbudget: 10-15 min)

Jeder stellt das eigene Projekt vor und erläutert (wenn gewünscht) den persönlichen Zugang:

- Was bedeutet Dir dieser Bibeltext persönlich?
- Hat sich Dein Zugang zum Bibeltext durch die kreative Beschäftigung damit verändert?

Es darf natürlich auch ein ganz intuitiver Zugang sein, der nicht in Worte gefasst werden muss.

6 ABSCHLUSSGEBET UND VERABSCHIEDUNG (Zeitbudget: 5 min)

Entweder wird ein allgemeines Abschlussgebet gesprochen oder der Leiter/die Leiterin oder eine benannte Person spricht ein Gebet, das noch einmal auf das Thema eingeht und den gemeinsamen kreativen Austausch abrundet.

Abschlussgebet, z.B.:

> Guter Gott,
> danke, dass wir gemeinsam kreativ werden konnten.
> Wie der Apostel Paulus mit seinen Worten der Gemeinde in Korinth Orientierung gegeben hat, können auch wir uns von diesen Worten stärken lassen:
> „Für jetzt bleiben Glaube, Hoffnung, Liebe, diese drei; doch am größten unter ihnen ist die Liebe."
> So steh uns bei im Glauben, wenn wir gerade nicht wissen was wir glauben und wem wir vertrauen sollen.
> Steh uns bei im Hoffen, wenn wir im Trubel dieser Zeit von der Spur abkommen und keinen Ausweg sehen.
> Steh uns bei in der Liebe, damit wir Dich immer wieder neu suchen und gestärkt von Deiner Zusage auch anderen voller Liebe begegnen können.
> Lass uns immer wieder bewusst werden, dass die Liebe trägt, dass sie uns Halt gibt, dass wir geborgen sind – dass Deine Liebe bedingungslos ist.
> Segne uns, alle die wir im Herzen tragen und für die wir beten.
> Amen.

IST die Liebe
DOCH am GRÖSSTEN

aber auch nach den Geistesgaben, vor allem nach der
nn wer in Zungen redet, redet nicht zu Menschen,
ihn: Im Geist redet er geheimnisvolle Dinge. 3 Wer
Menschen: Er baut auf, ermutigt, spendet Trost. 4 Wer
st; wer aber prophetisch redet, baut die Gemeinde auf.
Zungen reden, weit mehr aber, ihr würdet prophetisch
r als der, der in Zungen redet, es sei denn, er übersetzt
ade aufgebaut wird.
und Schwestern, wenn ich zu euch komme und in Zun-
enbarung, keine Erkenntnis, keine Prophetie, keine Lehre
ikinstrumente, eine Flöte oder eine Harfe, nicht deutlich
orbringen, wie soll man dann erkennen, was auf der Flöte
pielt wird? 8 Und wenn die Trompete unklare Töne hervor-
den Waffen greifen? 9 So ist es auch mit euch, wenn ihr in
erständliches Wort hervorbringt. Wer soll dann das Gespro-
et nur in den Wind.
viele Sprachen in der Welt und nichts ist ohne Sprache. 11 Wenn
rache nicht kenne, bin ich für den Sprecher ein Fremder, wie der
ist es auch mit euch. Da ihr nach Geistesgaben strebt, gebt euch
or allem zum Aufbau der Gemeinde beitragt! 13 Deswegen soll einer,
eten, dass er es auch übersetzen kann. 14 Denn wenn ich in Zungen
Geist, mein Verstand aber bleibt unfruchtbar. 15 Was folgt daraus?
en, ich will aber auch mit dem Verstand beten. Ich will im Geist lob-
r auch mit dem Verstand lobsingen. 16 Wenn du nur im Geist den
nd ein Unkundiger anwesend ist, wie kann er zu deinem Dankgebet
n; er versteht ja nicht, was du sagst. 17 Dein Dankgebet mag noch so gut
ere wird nicht auferbaut. 18 Ich danke Gott, dass ich mehr als ihr alle in
Doch vor der Gemeinde will ich lieber fünf Worte mit meinem Verstand
andere zu unterweisen, als zehntausend Worte in Zungen stammeln.
nicht Kinder an Einsicht, Brüder und Schwestern! Seid unmündig an
nsicht aber seid vollkommen! 21 Im Gesetz steht: Durch Leute, die anders
n Sprachen reden, werde ich zu diesem Volk sprechen; aber auch so werden
nich hören, spricht der Herr. 22 So ist Zungenreden ein Zeichen nicht für
den, sondern für die Ungläubigen, prophetisches Reden aber ein Zeichen
e Ungläubigen, sondern für die Glaubenden. 23 Wenn also die ganze Ge-
h versammelt und alle in Zungen reden und es kommen Unkundige oder
ge herein, werden sie dann nicht sagen: Ihr seid verrückt? 24 Wenn aber alle
ch reden und ein Ungläubiger oder Unkundiger kommt herein, dann wird er
überführt, von allen geprüft; 25 was in seinem Herzen verborgen ist, wird
ckt. Und so wird er niederfallen auf sein Angesicht, Gott anbeten und bekennen:
aftig, Gott ist bei euch!
14,39 / 5: Num 11,29 / 16: 2 Kor 1,20; 1 Chr 16,36; Neh 8,6 / 20: 3,1–4; Röm 16,19; Eph 4,14 / 21: Jes
23: Apg 2,12f. / 25: Jes 45,14; Sach 8,23

WOR

WORT

Wo

WORT

w

wort

WORT

Im Anfang war das Wort und das Wort war bei Gott und das Wort war Gott.

(1 Joh 1,1)

Idee von SONJA POHL

WORKSHOP ZU JOHANNES 1,1

Zeitbudget insgesamt für diese Workshop-Einheit: 1,5 h

1 EINSTIEG (Zeitbudget: 5 min)

Begrüßung

Hier stellt ihr das Thema vor und solltet die Angst vor der kreativen Hürde nehmen: Jeder ist ein Künstler! Wenn die kreative Bibelarbeit für euch und eure Gruppe noch Neuland ist, könnt ihr hier auch kurz erklären, was es damit auf sich hat. Anregungen dazu findet ihr auf den ersten Seiten dieses Buches.

Einstiegs-Gebet z.B.

„Und das Wort ist Fleisch geworden und hat unter uns gewohnt“ (Joh 1,14) –
Herr, Du wohnst mitten unter uns. Wir dürfen darauf vertrauen, dass Du da bist und uns zur Seite stehst. Heute möchten wir erleben, wie Dein Wort in uns lebendig wird. Durch kreatives Arbeiten wollen wir Dir begegnen.
Bring Dein Wort durch uns zum Leuchten und schenke uns eine wertvolle kreative Zeit. Segne uns, unsere Gemeinschaft, den Austausch und schenke uns Kreativität.
Amen.

2 BIBELTEXT (Zeitbudget: 5-10 min)

- Zu Beginn wird der ausgewählte Bibeltext, Joh 1,1, gemeinsam gelesen. Zusätzlich können Vergleich- und Parallelstellen gelesen werden.
- An dieser Stelle könnt ihr auch erklären, warum genau dieser Bibeltext ausgewählt wurde (z.B. thematischer Schwerpunkt: Beginn, Neustart, Logoschristologie, Sohnschaft Jesu; Lieblingsvers; Zufall)

3 VORBEREITUNGSPHASE (Zeitbudget: 10 min)

Bevor alle in die kreative Umsetzung des Bibeltextes gehen, kann man in eine stille Phase übergehen, in der sich jeder Teilnehmer zunächst für sich Gedanken zu den Versen macht. Dabei können ausgesuchte Reflexionsfragen helfen. Auf dem Concept Sheet (Ideenpapier) kann jeder seine Gedanken festhalten. In einem gemeinsamen Brainstorming können die Gedanken dann in der Gruppe geteilt werden.

3.1 In Stille jeder für sich (Zeitbudget: 10 min)

Concept Sheet ausfüllen

Welche Wörter stecken in dem Vers?

- z. B. **Anfang**, **Wort**, **Gott**

Welche Emotionen lösen diese Worte aus? Welche Stimmung wird vermittelt?

- z.B. **Anfang** = Aufbruch, vielversprechend, Quelle, Werden, Entstehung, Neubeginn, Aufregung, Ungewissheit, Sprudelnd, Nervosität
- z.B. **Wort** = Aussage, klangvoll, Sinn, Sprachfähigkeit, verständlich, sich artikulieren können, verstehen, unverständlich
- z.B. **Gott** = Glaube, Gnade, Barmherzigkeit, Erlösung, Liebe, heilig, Allmacht, Unendlichkeit, Beistand, getragen werden, Zuversicht, Hoffnung

Gibt es Synonyme oder Antonyme, die zur Erschließung des Textes helfen?

- z.B. **Anfang** = Beginn, Start, Ursprung;
  ≠ Ende, Schluss, Aus
- z.B. **Wort** = Aussage, Ausspruch, Begriff, Vokabel;
  ≠ wortlos, Schweigen
- z.B. **Gott** = Allmächtiger, Ewiger, Schöpfer, Erschaffer, Weltenlenker, Erlöser, Herr, Höchster

Gibt es andere Bibelstellen, die Dir zu diesem Thema einfallen? In welchem Kontext steht der Vers?

z.B. Joh 1,14; Gen 1,1; Joh 14,10-11; 1 Joh 1,1

Kontext des Verses: Der Johannesprolog ist maßgebend für die Theologie des Autors. Er weist gleich im ersten Vers auf einen Logos (ein Wort) hin, das präexistent ist, also schon vor aller Zeit existierte. Dieses von Johannes erwähnte Wort ist Christus selbst, denn „das Wort ist Fleisch geworden und hat unter uns gewohnt. [...]“ (Joh 1,14). Es ist quasi die Weihnachtserzählung des Johannes. Joh 1,1 erinnert stark an den Schöpfungsbericht aus Gen 1. Gott erschafft die Welt am Anfang, indem er spricht, also indem er Worte nutzt. Zuerst erschafft Gott das Licht; auch Johannes greift das Licht in Vers 5 („Und das Licht leuchtet in der Finsternis[...]“ Joh 1,5) auf. Schließlich hören wir in Joh 8,12 von Jesus die Worte „Ich bin das Licht der Welt.“ Was in Genesis anfing, wird hier also weitergedacht. Jesus, das fleischgewordene Wort, bringt Heil und Licht in die Welt.

Passt dieser Vers besonders in unsere aktuelle Zeit? Wenn ja, warum?

- z.B. Wie wird das Wort Gottes in mir lebendig?
- z.B. Wo erlebe ich Neuanfänge, Aufbrüche, Veränderungen (in der Kirche, in der Gesellschaft, in meinem persönlichen Umfeld)? Erlebe ich diese als positiv oder negativ?

- z.B. Wo müsste in der Welt ein (Macht)Wort gesprochen werden? Wo helfen Worte vielleicht nicht mehr weiter?

⇨ Was sagt dieser Vers aus? Liegt in der Wortwahl eine besondere Spannung?

3.2. Gemeinsames Brainstorming oder jeder fur sich
(Zeitbudget: 10 min)

Hier kann man sich entscheiden, entweder in der Gruppe ein Brainstorming zusammen auf einer Flipchart oder ähnlichem umzusetzen oder weiter in Stille Ideen zu sammeln. Wenn ihr ein gemeinsames Brainstorming macht, könnt ihr nun zunächst die Gedanken aus der stillen Zeit teilen.

Sammelt nun auch Ideen, wie ihr diese Gedanken für euch kreativ umsetzen könnt:

⇨ Welche Symbole, Bilder oder Metaphern fallen Dir hierzu ein?
- z.B. **Anfang** = Pfeil, Zielfahne/Startpunkt, Weg, Quelle, Keim, Alpha
- z.B. **Wort** = Buch, Sprechblase, Buchstaben
- z.B. **Gott** = Trinitätssymbol (allsehendes Auge), reichende Hand, Herz, Dreieck

⇨ Welche Farben kommen Dir in den Sinn?
- z.B. **Anfang** = dunkel (ungewiss) oder hell (hoffnungsvoll)
- z.B. **Gott** = warme Farben, helle Farben, freundliche Farben

⇨ Lösen diese Symbole/Designs noch einmal andere Verständnisebenen für den Vers aus?

An dieser Stelle könnt ihr auf eurem Concept Sheet Ideen erstmal ausprobieren, Skizzen zeichnen, Kreativtechniken testen usw.
Anregungen für kreative Ideen und Anleitungen für verschiedene Kreativtechniken findet ihr ihm zweiten Teil des Buches.

3.3. Materialauswahl (Zeitbudget: 5 min)

Hier sucht sich jeder die Bastelmaterialien zusammen, die er/sie für das eigene Projekt benötigt.

Diesen Teil des Workshops könnt ihr mit der Pause verbinden.

Pause: 5-10 min

4 JETZT GEHT ES LOS – KREATIVE GESTALTUNG (Zeitbudget: 25-30 min)

Jetzt geht es richtig los: Nun könnt ihr eure Ideen und Gedanken kreativ umsetzen.
Dafür könnt ihr entweder die Bibel zum Selbstgestalten verwenden oder die Kopiervorlage.

5 AUSTAUSCH IN DER GRUPPE (Zeitbudget: 10-15 min)

Jeder stellt das eigene Projekt vor und erläutert (wenn gewünscht) den persönlichen Zugang:

- Was bedeutet Dir dieser Bibeltext persönlich?
- Hat sich Dein Zugang zum Bibeltext durch die kreative Beschäftigung damit verändert?

Es darf natürlich auch ein ganz intuitiver Zugang sein, der nicht in Worte gefasst werden muss.

6 ABSCHLUSSGEBET UND VERABSCHIEDUNG (Zeitbudget: 5 min)

Entweder wird ein allgemeines Abschlussgebet gesprochen oder der Leiter/die Leiterin oder eine benannte Person spricht ein Gebet, das noch einmal auf das Thema eingeht und den gemeinsamen kreativen Austausch abrundet.

Abschlussgebet, z.B.:

> Herr,
> wie farbenfroh Dein Wort sein kann, haben wir heute erlebt; dafür danken wir Dir.
> Wir durften Deine Botschaft neu entdecken und erkennen, dass Dein Wort in so vielen Farben erstrahlen kann. Du machst unser Leben bunt, deshalb bitten wir Dich:
> Schenke uns ein fröhliches Pink an Tagen, an denen uns der graue Alltag einholt.
> Schenke uns ein tiefes Blau, in dem wir gute Gedanken und neue Wege finden.
> Schenke uns ein herzliches Rot, wenn wir anderen begegnen und Menschen kennenlernen.
> Schenke uns ein sattes Grün, wenn wir Deine Schöpfung bestaunen, aber lass uns auch ein düsteres Schwarz wahrnehmen, wenn wir sehen, wo Natur zerstört wird.
> Schenke uns ein strahlendes gelb, das uns gute Laune und uns zum Lachen bringt.
> Schenke uns tolle Glitzereffekte, die die Highlights unseres Lebens betonen und ein Schimmern in unseren Augen, wenn wir von Dir erzählen.
> Lass Dein Wort in uns lebendig sein und mach durch uns die Welt ein Stückchen farbenfroher.
> Herr, lebendiges Wort, segne uns und mache unser Leben bunt.
> Amen.

DAS ZEUGNIS DES TÄUFERS: 1,19–34

19 Und dies ist das Zeugnis des Johannes, als die Juder … us Priester
Leviten zu ihm sandten mit der Frage: Wer bist du? … gnete n
er bekannte: Ich bin nicht der Christus. 21 Sie fragten ih… Bist du Elija?
er sagte: Ich bin es nicht. Bist du der Prophet? Er antwortete: Nein. 22 Da sagten s
ihm: Wer bist du? Wir müssen denen, die uns gesandt haben, Antwort geben.
sagst du über dich selbst? 23 Er sagte: Ich bin *die Stimme eines Rufers in der Wüste: E*
den Weg für den Herrn!, wie der Prophet Jesaja gesagt hat. 24 Die Abgesandten gehö
zu den Pharisäern. 25 Sie fragten Johannes und sagten zu ihm: Warum taufst du d
wenn du nicht der Christus bist, nicht Elija und nicht der Prophet? 26 Johannes antw
tete ihnen: Ich taufe mit Wasser. Mitten unter euch steht einer, den ihr nicht ke
27 der nach mir kommt; ich bin nicht würdig, ihm die Riemen der Sandalen zu lö
28 Dies geschah in Betanien, jenseits des Jordan, wo Johannes taufte.
29 Am Tag darauf sah er Jesus auf sich zukommen und sagte: Seht, das Lamm Go
das die Sünde der Welt hinwegnimmt! 30 Er ist es, von dem ich gesagt habe: Nach
kommt ein Mann, der mir voraus ist, weil er vor mir war. 31 Auch ich kannte ihn n
aber ich bin gekommen und taufe mit Wasser, damit er Israel offenbart wird. 32
Johannes bezeugte: Ich sah, dass der Geist vom Himmel herabkam wie eine Taube
auf ihm blieb. 33 Auch ich kannte ihn nicht; aber er, der mich gesandt hat, mit Wa

1,3–4 Eine früh belegte andere Satzeinteilung: … und ohne es wurde nichts. Was geworden ist, in ihm Leben. Oder: … und ohne es wurde nichts. Was geworden ist in ihm, war Leben.
1,5b Andere Übersetzungsmöglichkeit: und die Finsternis hat es nicht überwältigt.
1,21 Elija: vgl. Anm. zu Lk 9,8. Der Prophet: Im Anschluss an Dtn 18,15.18 erwartete man für die Endze Auftreten eines dem Mose ähnlichen Propheten.
1,24 Andere Übersetzungsmöglichkeit: Und sie waren von den Pharisäern abgesandt.

taufen, er hat mir gesagt: Auf wen du den Geist herabkommen und auf ihm bleiben
ehst, der ist es, der mit dem Heiligen Geist tauft. 34 Und ich habe es gesehen und be-
ugt: Dieser ist der Sohn Gottes.

1,7.8.15; 5,31–38; 8,14 / **21:** 6,14; Dtn 18,15.18; Mt 17,10–13 / **23:** Jes 40,3 G; Mt 3,3; Mk 1,3; Lk 3,4 / **24–28:** Mt 3,1–6.11f.;
1,4–8; Lk 3,3–6.15–17 / **28:** 10,40 / **29:** Jes 53,7; 1 Joh 3,5 / **30:** 1,15 / **32–34:** Mt 3,13–17; Mk 1,9–11; Lk 3,21f.

E BERUFUNG DER ERSTEN JÜNGER: 1,35–51

Am Tag darauf stand Johannes wieder dort und zwei seiner Jünger standen bei ihm.
Als Jesus vorüberging, richtete Johannes seinen Blick auf ihn und sagte: Seht, das
mm Gottes! 37 Die beiden Jünger hörten, was er sagte, und folgten Jesus. 38 Jesus aber
andte sich um, und als er sah, dass sie ihm folgten, sagte er zu ihnen: Was sucht ihr?
e sagten zu ihm: Rabbi – das heißt übersetzt: Meister –, wo wohnst du? 39 Er sagte zu
nen: Kommt und seht! Da kamen sie mit und sahen, wo er wohnte, und blieben jenen
g bei ihm; es war um die zehnte Stunde. 40 Andreas, der Bruder des Simon Petrus,
ar einer der beiden, die das Wort des Johannes gehört hatten und Jesus gefolgt waren.
Dieser traf zuerst seinen Bruder Simon und sagte zu ihm: Wir haben den Messias
funden – das heißt übersetzt: Christus. 42 Er führte ihn zu Jesus. Jesus blickte ihn an
nd sagte: Du bist Simon, der Sohn des Johannes, du sollst Kephas heißen, das bedeu-
t: Petrus, Fels.
43 Am Tag darauf wollte Jesus nach Galiläa aufbrechen; da traf er Philip[illegible] Jesus
gte zu ihm: Folge mir nach! 44 Philippus war aus Betsaida, der Stadt [illegible]
etrus. 45 Philippus traf Natanaël und sagte zu ihm: Wir haben den [illegible]
ose im Gesetz und auch die Propheten geschrieben haben: Jesus, [illegible]
azaret. [illegible]naël zu ihm: Kann aus Nazaret etwas Gute[illegible]
us sagt [illegible] und sieh! 47 Je[illegible] Natanaël auf sich zukommen und sagte
ber ihn: [illegible] Israelit, an [illegible]ch ist. 48 Natanaël sagte zu ihm: Wo-
er kennst du mich? Jesus antwortet[illegible] bevor dich Phil[illegible]s rief, h[illegible]h
ch unter dem Feigenba[illegible]hen. [illegible] antw[illegible]rtete i[illegible]bbi, du
ohn Gottes, du bist de[illegible]önig v[illegible] Israel. [illegible]us ant[illegible]ortete i[illegible]
r sagte, dass ich dic[illegible]nter d[illegible] Feigen[illegible]m sah; [illegible] dieses
e[illegible]. 51 Und er spr[illegible] zu [illegible]: Amen, amen, ich sage [illegible] ihr werdet [illegible] *Himmel*
eöff[illegible]et *und die En[illegible] Got[illegible]s auf- und niederst[illegible]gen* seh[illegible]er dem Men[illegible]ensohn.

1,29 [illegible] **40–51:** Mt 4,1[illegible] 1,16–20; L[illegible] –11 / **4[illegible]** 6,14 / **43:** 21 [illegible] Mt 8,22 / **47:**
32,2 / [illegible] Mt 14,33; [illegible] **51:** Gen 28,1[illegible] k 14 [illegible]

AS ERSTE ZEICHE[illegible] ESU [illegible] IN G[illegible]L[illegible]: 2,1–12

2 1 Am dritten Tag fand in [illegible]a in Ga[illegible] eine Hochzeit statt und di[illegible] Mutter Jesu
war dabei. 2 Auch Jesus [illegible] seine Jünger waren zur Hochzeit eingela[illegible] 3 Als der
Vein ausging, sagte die M[illegible] Jesu zu ihm: Sie haben keinen Wein mehr.
viderte ihr: Was willst d[illegible] v[illegible] mir, Frau? Meine Stunde ist noch nicht gekommen.
Seine Mutter sagte zu d[illegible] D[illegible]ern: Was er euch sagt, das tut! 6 Es standen dort sechs
teinerne Wasserkrüge, wie [illegible] der Reinigungssitte der Juden entsprach; jeder fasste
ngefähr hundert Lite[illegible] Jes[illegible] sagte zu den Dienern: Füllt die Krüge mit Wasser! Und
ie füllten sie bis zum [illegible] 8 Er sagte zu ihnen: Schöpft jetzt und bringt es dem, der
ür das Festmahl verantwortlich ist! Sie brachten es ihm. 9 Dieser kostete das Wasser,
las zu Wein geworden war. Er wusste nicht, woher der Wein kam; die Diener aber, die
las Wasser geschöpft hatten, wussten es. Da ließ er den Bräutigam rufen 10 und sagte
u ihm: Jeder setzt zuerst den guten Wein vor und erst, wenn die Gäste zu viel getrun-
ken haben, den weniger guten. Du jedoch hast den guten Wein bis jetzt aufbewahrt.
1 So tat Jesus sein erstes Zeichen, in Kana in Galiläa, und offenbarte seine Herrlichkeit
nd seine Jünger glaubten an ihn. 12 Danach zog er mit seiner Mutter, seinen Brüdern
nd seinen Jüngern nach Kafarnaum hinab. Dort blieben sie einige Zeit.

: 4,46; 19,25f. / **4:** 7,30; 8,20; 13,1; 17,1 / **11:** 1,14; 11,40 / **12:** 7,5–10

Und gleicht euch nicht dieser Welt an, sondern lasst euch
verwandeln durch die Erneuerung des Denkens, damit
ihr prüfen und erkennen könnt, was der Wille Gottes ist:
das Gute, Wohlgefällige und Vollkommene!

(Röm 12,2)

WORKSHOP zu

RÖMER 12,2

Idee von FRANZISKA STRECKER

Zeitbudget insgesamt für diese Workshop-Einheit: 1,5 h

1 EINSTIEG (Zeitbudget: 5 min)

Begrüßung

Hier stellt ihr das Thema vor und solltet die Angst vor der kreativen Hürde nehmen: Jeder ist ein Künstler! Wenn die kreative Bibelarbeit für euch und eure Gruppe noch Neuland ist, könnt ihr hier auch kurz erklären, was es damit auf sich hat. Anregungen dazu findet ihr auf den ersten Seiten dieses Buches.

Einstiegs-Gebet z.B.

Herr,
Du bist jetzt in unserer Mitte und schenkst Dich uns mit Deinem stärkenden Wort.
Öffne unser Herz, damit wir Dein Wort für uns tiefer verstehen und durch unsere Kreativität zum Ausdruck bringen.
Amen.

2 BIBELTEXT (Zeitbudget: 5-10 min)

- Zu Beginn wird der ausgewählte Bibeltext, Römer 12,12 , gemeinsam gelesen. Zusätzlich können Vergleich- und Parallelstellen gelesen werden.
- An dieser Stelle könnt ihr auch erklären, warum genau dieser Bibeltext ausgewählt wurde (z.B. thematischer Schwerpunkt; Lieblingsvers; Zufall)

3 VORBEREITUNGSPHASE (Zeitbudget: 10 min)

Bevor alle in die kreative Umsetzung des Bibeltextes gehen, kann man in eine stille Phase übergehen, in der sich jeder Teilnehmer zunächst für sich Gedanken zu den Versen macht. Dabei können ausgesuchte Reflexionsfragen helfen. Auf dem Concept Sheet (Ideenpapier) kann jeder seine Gedanken festhalten. In einem gemeinsamen Brainstorming können die Gedanken dann in der Gruppe geteilt werden.

3.1. In Stille jeder für sich (Zeitbudget: 10 min)

Concept Sheet ausfüllen

Welche Wörter stecken in dem Vers?

- z.B **verwandeln**, **Erneuerung**, **erkennen**

Welche Emotionen lösen diese Worte aus? Welche Stimmung wird vermittelt?

- z.B. **verwandeln**: Veränderung, etwas Positives, Offenheit für das Neue, spannend, aufregend
- z.B. **Erneuerung**: Neuanfang, Aufbruchstimmung, Unsicherheit, neues wagen, Leichtigkeit, Herausforderung
- z.B. **erkennen**: blind, sehend, Klarheit, Wahrheit, besser verstehen, Freude

Gibt es Synonyme oder Antonyme, die zur Erschließung des Textes helfen?

- z.B. **verwandeln** = Gegenteil von Lähmung/Festgefahren sein
- z.B. **erkennen**: = sehend werden

Gibt es andere Bibelstellen, die Dir zu diesem Thema einfallen?

Passt diese Bibelstelle besonders in unsere aktuelle Situation? Wenn ja, warum?

- z.B. Habe ich Offenheit für das Neue? Traue ich Gott Großes zu?

Was sagt dieser Vers aus? Liegt in der Wortwahl eine besondere Spannung?

3.2. Gemeinsames Brainstorming oder jeder für sich (Zeitbudget: 10 min)

Hier kann man sich entscheiden, entweder in der Gruppe ein Brainstorming zusammen auf einer Flipchart oder ähnlichem umzusetzen oder weiter in Stille Ideen zu sammeln. Wenn ihr ein gemeinsames Brainstorming macht, könnt ihr nun zunächst die Gedanken aus der stillen Zeit teilen.

Sammelt nun auch Ideen, wie ihr diese Gedanken für euch kreativ umsetzen könnt:

Welche Symbole, Bilder oder Metaphern fallen Dir hierzu ein?

- z.B. **verwandeln** = Schmetterling, Raupe, Blume
- z.B. **Erneuerung** = Stoppschild, Umkehrschild, Feder, Pfeile, Altbau, Ruine
- z.B. **erkennen** = Brille, Lupe, Glühbirne, Lampe

Welche Farben kommen Dir in den Sinn?

- z.B. helle Farben, Farbverläufe von dunkel zu hell

Lösen diese Symbole/Designs noch einmal andere Verständnisebenen für den Vers aus?

An dieser Stelle könnt ihr auf eurem Concept Sheet Ideen erstmal ausprobieren, Skizzen zeichnen, Kreativtechniken testen usw.
Anregungen für kreative Ideen und Anleitungen für verschiedene Kreativtechniken findet ihr ihm zweiten Teil des Buches.

3.3. Materialauswahl (Zeitbudget: 5 min)

Hier sucht sich jeder die Bastelmaterialien zusammen, die er/sie für das eigene Projekt benötigt.

Passendes vom Bibelwerk zu diesem Bibeltext:

- DIY Vorlagenbuch, ISBN: 978-3-460-99815-5 (Seite 11, 35)

Diesen Teil des Workshops könnt ihr mit der Pause verbinden.

Pause: 5-10 min

4 JETZT GEHT ES LOS – KREATIVE GESTALTUNG (Zeitbudget: 25-30 min)

Jetzt geht es richtig los: Nun könnt ihr eure Ideen und Gedanken kreativ umsetzen.
Dafür könnt ihr entweder die Bibel zum Selbstgestalten verwenden oder die Kopiervorlage.

5 AUSTAUSCH IN DER GRUPPE (Zeitbudget: 10-15 min)

Jeder stellt das eigene Projekt vor und erläutert (wenn gewünscht) den persönlichen Zugang:

Was bedeutet Dir dieser Bibeltext persönlich?

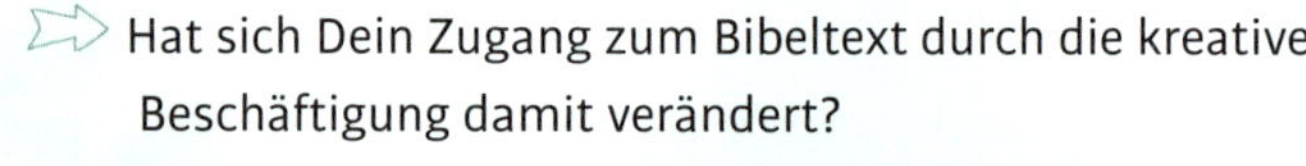
Hat sich Dein Zugang zum Bibeltext durch die kreative Beschäftigung damit verändert?

Es darf natürlich auch ein ganz intuitiver Zugang sein, der nicht in Worte gefasst werden muss.

6 ABSCHLUSSGEBET UND VERABSCHIEDUNG (Zeitbudget: 5 min)

Entweder wird ein allgemeines Abschlussgebet gesprochen oder der Leiter/die Leiterin oder eine benannte Person spricht ein Gebet, das noch einmal auf das Thema eingeht und den gemeinsamen kreativen Austausch abrundet.

Abschlussgebet, z.B.:

> Herr,
> Du hast uns gestärkt durch die Gemeinschaft mit Dir und untereinander.
> Dich tiefer zu erkennen, ist für uns Grund der Freude und gibt unserem Leben Richtung und Ziel.
> Lass uns immer mehr Dich als den einen wahren Gott erkennen und unserer Berufung entsprechen, die Du uns geschenkt hast.
> Amen.

RÖMER 12,1–13,3
WEISUNGEN FÜR DAS LEBEN DER GEMEINDE: 12,1–15,13
ERNEUERUNG IM DENKEN: 12,1–2
12 1 Ich ermahne euch also, Brüder und Schwestern, kraft der Barmh
tes, eure Leiber als lebendiges, heiliges und Gott wohlgefälliges
bringen – als euren geistigen Gottesdienst. 2 Und gleicht euch nicht
sondern lasst euch verwandeln durch die Erneuerung des Denkens,
und erkennen könnt, was der Wille Gottes ist: das Gute, Wohlgefälli
UND SEINEN GLIEDERN. MAHNUNG ZUR
Gnade, die mir gegeben ist, sage ich einem je
nicht über das hinaus, was euch zukommt, sondern strebt danac
jeder nach dem Maß des Glaubens, das Gott ihm zugeteilt hat!
einen Leib viele Glieder haben, aber nicht alle Glieder dieselbe A
wir, die vielen, ein Leib in Christus, als Einzelne aber sind wir
gehören. 6 Wir haben unterschiedliche Gaben, je nach der uns
einer die Gabe prophetischer Rede, dann rede er in Übereinstim
7 hat einer die Gabe des Dienens, dann diene er. Wer zum Leh
wer zum Trösten und Ermahnen berufen ist, der tröste und
8 wer zum Trösten und Ermahnen berufen ist, setze sich eifrig ei
ohne Hintergedanken; wer Vorsteher ist, setze sich eifrig ei
der tue es freudig.
THISCHE UND RELIGIÖSE VERHALTENSREGELN FÜR DE
Die Liebe sei ohne Heuchelei. Verabscheut das Böse, h
ander in brüderlicher Liebe zugetan, übertrefft euch in

RÖMER 13,4–14,12
35
Furcht vor der staatlichen Gewalt leben, dann tue das Gute, sodass du ihre Anerkennung
findest! 4 Denn sie steht im Dienst Gottes für dich zum Guten. Wenn du aber das Böse
tust, fürchte dich! Denn nicht ohne Grund trägt sie das Schwert. Sie steht nämlich im
Dienst Gottes und vollstreckt das Urteil an dem, der das Böse tut. 5 Deshalb ist es not
wendig, sich unterzuordnen, nicht allein um der Strafe, sondern auch um des
willen. 6 Das ist auch der Grund, weshalb ihr Steuern zahlt; denn in Gott
handeln jene, die Steuern einzuziehen haben. 7 Gebt allen, was ihr ihnen schu
Steuer, wem ihr Steuer schuldet, Zoll, wem ihr Zoll schuldet, Furcht, wem ihr
schuldet, Ehre, wem ihr Ehre schuldet!
1: 1 Petr 2,13f.; Tit 3,1 / 5: 1 Petr 2,19 / 7: Mt 22,21
DIE LIEBE ALS ERFÜLLUNG DES GESETZES: 13,8–10
8 Niemandem bleibt etwas schuldig, außer der gegenseitigen Liebe! Wer den andern
liebt, hat das Gesetz erfüllt. 9 Denn die Gebote: Du sollst nicht die Ehe brechen, du sollst
nicht töten, du sollst nicht stehlen, du sollst nicht begehren! und alle anderen Gebote sind
in dem einen Satz zusammengefasst: Du sollst de
10 Die Liebe tut dem Nächsten nichts Böse
zes.
8: 8,4 / 9: Ex 20,13–17 G; Dtn 5,17–21 G; Lev 19,18;
DAS GEBOT DER ST
11 Und das tut
stehen

In dieser Gegend lagerten Hirten auf freiem Feld und hielten Nachtwache bei ihrer Herde. Da trat ein Engel des Herrn zu ihnen und die Herrlichkeit des Herrn umstrahlte sie und sie fürchteten sich sehr. Der Engel sagte zu ihnen: Fürchtet euch nicht, denn siehe, ich verkünde euch eine große Freude, die dem ganzen Volk zuteilwerden soll: Heute ist euch in der Stadt Davids der Retter geboren; er ist der Christus, der Herr. Und das soll euch als Zeichen dienen: Ihr werdet ein Kind finden, das, in Windeln gewickelt, in einer Krippe liegt. Und plötzlich war bei dem Engel ein großes himmlisches Heer, das Gott lobte und sprach: Ehre sei Gott in der Höhe und Friede auf Erden den Menschen seines Wohlgefallens.

(Lk 2,8-14)

WORKSHOP ZU LUKAS 2,8-14

Idee von JAQUELINE METZLAFF

Zeitbudget insgesamt für diese Workshop-Einheit: 1,5 h

1 EINSTIEG (Zeitbudget: 5 min)

Begrüßung

Hier stellt ihr das Thema vor und solltet die Angst vor der kreativen Hürde nehmen: Jeder ist ein Künstler! Wenn die kreative Bibelarbeit für euch und eure Gruppe noch Neuland ist, könnt ihr hier auch kurz erklären, was es damit auf sich hat. Anregungen dazu findet ihr auf den ersten Seiten dieses Buches.

Einstiegs-Gebet z. B.

Herr Jesus,
Du hast uns Dein Wort geschenkt, um Deine Liebe für uns immer deutlicher erkenntlich zu machen und uns den Vater zu offenbaren.
Danke, dass Du uns sogar so sehr liebst, dass Du selbst Mensch geworden bist.
Danke, dass Du uns in Deinem Wort persönlich begegnen willst.
Öffne heute unsere Herzen für das, was Du uns durch Dein Wort sagen möchtest.
Stärke unseren Glauben durch die kreative Arbeit mit der Bibel. Danke für das, was Du uns jetzt schenken möchtest.
Amen.

2 BIBELTEXT (Zeitbudget: 5-10 min)

- Zu Beginn wird der ausgewählte Bibeltext, Lk 2,8-14, gemeinsam gelesen. Ihr könnt den ganzen Text lesen oder einzelne Verse. Zusätzlich können Vergleich- und Parallelstellen gelesen werden.
- Warum wurde dieser Vers ausgewählt? Der thematische Schwerpunkt könnte hier auf dem Lobpreis der Engel als Form des Gebets zu Gott gewählt werden (Lk 2,14). Wenn wir Gott zusagen, wer er für uns ist und welche einzigartigen Eigenschaften er besitzt, dann findet automatisch Begegnung mit ihm statt. Dann sind wir mittendrin in dem, was wir Lobpreisgebet nennen. Eine mögliche Herangehensweise an das kreative Arbeiten mit der Bibel ist der Zugang über diese Form des Betens. Gerade im Gestalten können sich uns neue Eigenschaften Gottes eröffnen, die dann wiederum den Lobpreis in unseren Herzen entfachen. So kann im kreativen Prozess personale Begegnung mit dem Kreativsten, unserem Schöpfer selbst, entstehen.

3 VORBEREITUNGSPHASE (Zeitbudget: 10 min)

Bevor alle in die kreative Umsetzung des Bibeltextes gehen, kann man in eine stille Phase übergehen, in der sich jeder Teilnehmer zunächst für sich Gedanken zu den Versen macht. Dabei können ausgesuchte Reflexionsfragen helfen. Auf dem Concept Sheet (Ideenpapier) kann jeder seine Gedanken festhalten. In einem gemeinsamen Brainstorming können die Gedanken dann in der Gruppe geteilt werden.

3.1. In Stille jeder für sich (Zeitbudget: 10 min)

Concept Sheet ausfüllen

- Wenn Du von dem Lobpreis der Engel liest, kannst Du Dir da auch vorstellen, Gott zu loben? Wofür würdest Du Gott gerne loben? Welche Eigenschaften an ihm gefallen Dir besonders?
- Lobpreis kennst Du vielleicht auch in musikalischer Form aus dem Gottesdienst oder von christlichen Bands. Man sagt auch, gesungener Lobpreis gilt als doppeltes Gebet. Fällt Dir ein Lied ein, das Gott lobt und ehrt? Vielleicht könnt ihr es euch auch in der Gruppe gemeinsam anhören und singen.

3.2. Gemeinsames Brainstorming oder jeder für sich (Zeitbudget: 10 min)

Hier kann man sich entscheiden, entweder in der Gruppe ein Brainstorming zusammen auf einer Flipchart oder ähnlichem umzusetzen oder weiter in Stille Ideen zu sammeln. Wenn ihr ein gemeinsames Brainstorming macht, könnt ihr nun zunächst die Gedanken aus der stillen Zeit teilen.

Sammelt nun auch Ideen, wie ihr diese Gedanken für euch kreativ umsetzen könnt:

- Welche Symbole, Bilder oder Metaphern fallen Dir zu der Bibelstelle ein?
  - z.B. **Ehre sei Gott in der Höhe** = Engel, Stern, erhobene Hände
  - z.B. **Hirte** = Schafe, Hirtenstab, Wiese
  - z.B. **Retter** = Starker Arm, Krone, Kreuz, Stall
- Welche Farben kommen Dir in den Sinn?
  - z.B. **Ehre sei Gott in der Höhe** = gold, schwarz
  - z.B. **Hirte** = beige, braun, weiß, grün
  - z.B. **Retter** = rot und gold, glitzernd
- Lösen diese Symbole/Designs noch einmal andere Verständnisebenen für die Bibelstelle aus?

An dieser Stelle könnt ihr auf eurem Concept Sheet Ideen erstmal ausprobieren, Skizzen zeichnen, Kreativtechniken testen usw.
Anregungen für kreative Ideen und Anleitungen für verschiedene Kreativtechniken findet ihr ihm zweiten Teil des Buches.

3.3. **Materialauswahl** (Zeitbudget: 5 min)

Hier sucht sich jeder die Bastelmaterialien zusammen, die er/sie für das eigene Projekt benötigt.

Passendes vom Bibelwerk zu diesem Bibeltext:

- Washi Tapes Set Weihnachten, EAN 40-60504-00027-8

Diesen Teil des Workshops könnt ihr mit der Pause verbinden.

Pause: 5-10 min

4 **JETZT GEHT ES LOS – KREATIVE GESTALTUNG** (Zeitbudget: 25-30 min)

Jetzt geht es richtig los: Nun könnt ihr eure Ideen und Gedanken kreativ umsetzen.
Dafür könnt ihr entweder die Bibel zum Selbstgestalten verwenden oder die Kopiervorlage.

Während des Gestaltens könnte zur Inspiration christliche Lobpreismusik angestellt werden.

5 **AUSTAUSCH IN DER GRUPPE** (Zeitbudget: 10-15 min)

Jeder stellt das eigene Projekt vor und erläutert (wenn gewünscht) den persönlichen Zugang:
Welche Eigenschaften Gottes sind dir persönlich heute wichtig geworden?
Es darf natürlich auch ein ganz intuitiver Zugang sein, der nicht in Worte gefasst werden muss.

Im Anschluss ist jeder eingeladen, Gott diese Eigenschaft im Gebet zu nennen und ihn dafür zu preisen. Beispielsweise: „Lieber Gott, Du bist mir ein guter Freund. Du bist immer an meiner Seite und Du sorgst für mich. Ich preise Dich dafür. Ehre sei Dir." Anschließend wird zum Abschlussgebet übergeleitet.

6 ABSCHLUSSGEBET UND VERABSCHIEDUNG (Zeitbudget: 5 min)

Entweder wird ein allgemeines Abschlussgebet gesprochen oder der Leiter/die Leiterin oder eine benannte Person spricht ein Gebet, das noch einmal auf das Thema eingeht und den gemeinsamen kreativen Austausch abrundet.

Abschlussgebet, z.B.:

> Herr,
> wir danken Dir für diesen gemeinsamen kreativen Austausch.
> Wir sind durch diese Zeit reich beschenkt worden, denn Dein Wort ist Wahrheit und Licht für unser Leben. Danke, dass wir Dir auf verschiedenste kreative Weisen begegnen dürfen und sich unser Glaube auf so unterschiedliche Gebetsweisen ausdrücken kann.
> Wir preisen Dich heute ganz bewusst für Deine Einzigartigkeit. Danke Herr für Deine Schönheit, Deine Liebe die niemals vergeht. Danke, dass Du uns nie im Stich lässt, dass Du immer da bist. Wir ehren Dich für Deine Herrlichkeit und Güte.
> Jesus, Du bist unser Erlöser und wir wollen Deinen Namen hoch erheben.
> Danke, dass Du uns den Lobpreis und die Freude ins Herz legst.
> Dir sei die Ehre, in Ewigkeit.
> Amen.

Das Kind wuchs heran und wurde stark im Geist. Und es lebte
Tag, an dem es seinen Auftrag für Israel erhielt.

DIE GEBURT JESU: 2,1–21

2 1 Es geschah aber in jenen Tagen, dass Kaiser Augustus den Befehl
Erdkreis in Steuerlisten einzutragen. 2 Diese Aufzeichnung war
war Quirinius Statthalter von Syrien. 3 Da ging jeder in seine Stadt, um
lassen. 4 So zog auch Josef von der Stadt Nazaret in Galiläa hinauf nach
Davids, die Betlehem heißt; denn er war aus dem Haus und Geschlecht
te sich eintragen lassen mit Maria, seiner Verlobten, die ein Kind erwartete.
als sie dort waren, da erfüllten sich die Tage, dass sie gebären sollte, 7 und
Sohn, den Erstgeborenen. Sie wickelte ihn in Windeln und legte ihn in eine
in der Herberge kein Platz für sie war. 8 In dieser Gegend lagerten Hirten
und hielten Nachtwache bei ihrer Herde. 9 Da trat ein Engel des Herrn zu
Herrlichkeit des Herrn umstrahlte sie und sie fürchteten sich sehr. 10 Der
ihnen: Fürchtet euch nicht, denn siehe, ich verkünde euch eine große
ganzen Volk zuteilwerden soll: 11 Heute ist euch in der Stadt Davids der
er ist der Christus, der Herr. 12 Und das soll euch als Zeichen dienen: Ihr werd
finden, das, in Windeln gewickelt, in einer Krippe liegt. 13 Und plötzlich
Engel ein großes himmlisches Heer, das Gott lobte und sprach:
14 Ehre sei Gott in der Höhe / und Friede auf Erden / den Menschen seines
fallens.
15 Und es geschah, als die Engel von ihnen in den Himmel zurückgekehrt
sagten die Hirten zueinander: Lasst uns nach Betlehem gehen, um das Ereignis
das uns der Herr kundgetan hat! 16 So eilten sie hin und fanden Maria und Josef
Kind, das in der Krippe lag. 17 Als sie es sahen, erzählten sie von dem Wort, das
über dieses Kind gesagt worden war. 18 Und alle, die es hörten, staunten über
on den Hirten erzählt wurde. 19 Maria aber bewahrte alle diese Worte und
em Herzen. 20 Die Hirten kehrten zurück, rühmten Gott und priesen
s sie gehört und gesehen hatten, so wie es ihnen gesagt worden war.
cht Tage vorüber waren und das Kind beschnitten werden sollte, gab man
en Jesus, den der Engel genannt hatte, bevor das Kind im Mutterleib
19: 2,51 / 21: 1,31; Gen 17,12

SIMEON UND DER HANNA: 2,22–40
der vom Gesetz des Mose vorgeschriebenen Reinigung
nach Jerusalem hinauf, um es dem Herrn darzustellen
eschrieben ist: *Jede männliche Erstgeburt soll dem Herrn*
wollten sie ihr Opfer darbringen, wie es das Gesetz
teltauben oder zwei junge Tauben. 25 Und siehe, in Jeru-
meon. Dieser Mann war gerecht und fromm und war-
r Heilige Geist ruhte auf ihm. 26

Herrn geschen habe.
das Kind Jesus
s nahm Simeon das Kind in seine Arme
29 Nun lässt du, Herr, deinen Knecht
30 Denn meine Augen haben das Heil gesehen
32 ein Licht, das die Heiden erleuchtet, / und Herrlich
33 Sein Vater und seine Mutter staunten über die Worte, die
34 Und Simeon segnete sie und sagte zu Maria, der Mutter Jesu:
bestimmt, dass in Israel viele zu Fall kommen und aufgerichtet werden, und
Zeichen sein, dem widersprochen wird, – 35 und deine Seele wird ein Schw
dringen. So sollen die Gedanken vieler Herzen offenbar werden. 36 Damals
Hanna, eine Prophetin, eine Tochter Penuëls, aus dem Stamm Ascher.
hochbetagt. Als junges Mädchen hatte sie geheiratet und sieben Jahr
gelebt; 37 nun war sie eine Witwe von vierundachtzig Jah
Tempel auf und diente Gott Tag und Nacht mit Fasten und
de trat sie hinzu, pries Gott und sprach über das Kind zu allen, die auf die
Jerusalems warteten. 39 Als seine Eltern alles getan hatten, was das Gesetz
vorschreibt, kehrten sie nach Galiläa in ihre Stadt Nazaret zurück. 40 Das Ki
heran und wurde stark, erfüllt mit Weisheit und Gottes Gnade ruhte auf ihm

22: Lev 12; Num 18,15f. / **23:** Ex 13,2.12 / **24:** Lev 12,8 / **30:** Jes 40,5 G / **31:** Jes 52,10 / **32:** Jes 42,6;
34: Jes 8,14

DER ZWÖLFJÄHRIGE JESUS IM TEMPEL: 2,41–52

41 Die Eltern Jesu gingen jedes Jahr zum Paschafest nach Jerusalem. 42 Als er zw
e alt geworden war, zogen sie wieder hinauf, wie es dem Festbrauch entsprach
em die Festtage zu Ende waren, machten sie sich auf den Heimweg. Der K
ber blieb in Jerusalem, ohne dass seine Eltern es merkten. 44 Sie meinte
ilgergruppe, und reisten eine Tagesstrecke weit; dann suchten sie ihn bei den Ver-
andten und Bekannten. 45 Als sie ihn nicht fanden, kehrten sie nach Jerusalem zurü
d suchten nach ihm. 46 Da geschah es, nach drei Tagen fanden sie ihn im Tempel
mitten unter den Lehrern, hörte ihnen zu und stellte Fragen. 47 Alle, die ihn hörten,
ren erstaunt über sein Verständnis und über seine Antworten. 48 Als seine Eltern ihn
en, waren sie voll Staunen und seine Mutter sagte zu ihm: Kind, warum hast du uns
angetan? Siehe, dein Vater und ich haben dich mit Schmerzen gesucht. 49 Da sagte
u ihnen: Warum habt ihr mich gesucht? Wusstet ihr nicht, dass ich in dem sein
s, was meinem Vater gehört? 50 Doch sie verstanden das Wort nicht, das er zu ihnen
gt hatte. 51 Dann kehrte er mit ihnen nach Nazaret zurück und war ihnen gehorsam.
e Mutter bewahrte all die Worte in ihrem Herzen. 52 Jesus aber wuchs heran und
Weisheit nahm zu und er fand Gefallen bei Gott und den Menschen.

3,14–17 / **42–43:** Ex 12,15.18 / **51:** 2,19 / **52:** 1 Sam 2,26

DIE VORBEREITUNG DES WIRKENS JESU: 3,1–4,13

FTRETEN DES TÄUFERS: 3,1–20

s war im fünfzehnten Jahr der Regierung des Kaisers Tiberius; Pontius Pilatus
r St
, Herodes Tetrarch von Galiläa, sein Bruder Philippus
onitis, Lysanias Tetrarch von Abilene; 2 Hohepriester

n. Chr.; zu Pontius Pilatus vgl. Anm. zu Mt 27,11–26. Herodes An-
läa von 4 v. Chr. bis 39 n. Chr., Philippus Tetrarch der vorwiegend heidnischen
Chr. bis 34 n. Chr. Der Hohepriester Hannas amtierte von 6 bis 15 n. Chr.; seine
Schwiegersohn Kajaphas von 18 von 37 n. Chr. das Amt des Hohepriesters.

VATER unser

So sollt ihr beten: Unser Vater im Himmel, geheiligt werde dein Name, dein Reich komme, dein Wille geschehe wie im Himmel, so auf der Erde. Gib uns heute das Brot, das wir brauchen! Und erlass uns unsere Schulden, wie auch wir sie unseren Schuldnern erlassen haben! Und führe und nicht in Versuchung, sondern rette uns vor dem Bösen!

(Mt 6,9-13)

WORKSHOP ZU MATTHÄUS 6,9-13

Idee von SONJA POHL

Zeitbudget insgesamt für diese Workshop-Einheit: 1,5 h

1 EINSTIEG (Zeitbudget: 5 min)

Begrüßung

Hier stellt Ihr das Thema vor und solltet die Angst vor der kreativen Hürde nehmen: Jeder ist ein Künstler! Wenn die kreative Bibelarbeit für euch und eure Gruppe noch Neuland ist, könnt ihr hier auch kurz erklären, was es damit auf sich hat. Anregungen dazu findet ihr auf den ersten Seiten dieses Buches.

Einstiegs-Gebet z.B.

Gott unser Vater,
in der Taufe hast Du uns angenommen als Deine Kinder; wir dürfen Dich Vater nennen. Im kreativen Gestalten werden heute unsere Herzen, Hände und Gedanken aktiv. Lass uns neu entdecken wie uns das Gebet, das Jesus uns gelehrt hat, begleitet und stark macht. Lass unser kreatives Gestalten selbst zu einem Gebet werden in dem wir Dich als unseren Gott und Vater loben und preisen. Schenke uns eine gute gemeinsame Zeit und segne unser Tun. Darum bitten wir Dich durch Christus, Deinen Sohn, unseren Herrn.
Amen.

2 BIBELTEXT (Zeitbudget: ca. 15 min)

Bibelteilen light: Gemeinsam den ausgewählten Bibeltext lesen: Matthäus 6,9-13. Den Text langsam noch einmal wiederholen; nach einzelnen Versen kurze Pausen einbauen. Nun wird angeregt in einer kurzen Zeit der Stille (etwa 5 Minuten) über den Text nachzudenken und den Worten nachzuspüren. Anschließend nennt jede/r ein Wort, einen Satz oder Teilsatz, der ihn besonders angesprochen hat. Abschließend wird der Text noch einmal vorgelesen.

3 VORBEREITUNGSPHASE (Zeitbudget: 10 min)

Bevor alle in die kreative Umsetzung des Bibeltextes gehen, kann man in eine stille Phase übergehen, in der sich jeder Teilnehmer zunächst für sich Gedanken zu den Versen macht. Dabei können ausgesuchte Reflexionsfragen helfen. Auf dem Concept Sheet (Ideenpapier) kann jeder seine Gedanken festhalten. In einem gemeinsamen Brainstorming können die Gedanken dann in der Gruppe geteilt werden.

3.1. In Stille jeder für sich (Zeitbudget: 10 min)

Concept Sheet ausfüllen

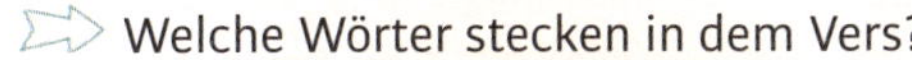

Welche Wörter stecken in dem Vers?

- z.B. Vater, Himmel, Erde, Brot, Versuchung, rette, Böse

Welche Emotionen lösen diese Worte aus? Welche Stimmung wird vermittelt?

- z.B. **Vater** = Geborgenheit, Liebe, Zugehörigkeit, Verbundenheit
- z.B. **Himmel** = Weite, Höhe, Ferne, Unendlichkeit
- z.B. **Brot** = Leben, Hunger stillen, satt, nahrhaft, Energie
- z.B. **Versuchung** = Bedrohung, Gefahr, Aufregung, Verboten
- z.B. **rette** = Heil, Hoffnung, Sicherheit, Erlösung, Befreiung, Schutz

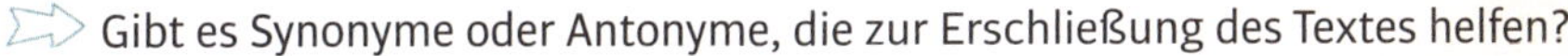

Gibt es Synonyme oder Antonyme, die zur Erschließung des Textes helfen?

- z.B. **Vater** = Papa, Erzeuger, Erschaffer
- z.B. **Himmel** = oben, Paradies; ≠ Hölle, Erde
- z.B. **Brot** = Backware, Gebäck
- z.B. **Versuchung** = Verführung, Verlockung
- z.B. **rette** = sichern, erlösen, befreien; ≠ opfern, im Stich lassen

Gibt es andere Bibelstellen, die Dir zu diesem Thema einfallen? In welchem Kontext steht der Vers?

- z.B. Lk 11,2-4; Ps 103,13; Mk 11,25; Eph 4,32

Kontext der Verse: In Matthäus 6,5-15 leitet Jesus seine Jünger zum Beten an und gibt ihnen ein Gebet mit auf den Weg. Dieses Gebet begleitet uns Christen in abgewandelter Form bis heute. Durch die Taufe wurden wir zu Kindern Gottes und dürfen uns damit in jedem Gottesdienst und in jeder Stunde unseres Lebens vertrauensvoll an Gott als unseren Vater wenden. Im Vaterunser sind wir aufgerufen anderen zu vergeben, so wird auch unsere Schuld vergeben. Gott wird für uns sorgen und uns geben was wir zum (geistlichen) Leben brauchen.

Passt dieser Vers besonders in unsere aktuelle Zeit? Wenn ja, warum?

- z.B. Wo begegnen wir dem Vaterunser als Gebet? Wo beten wir es alleine oder gemeinsam? Nehmen wir das Vaterunser noch als das Gebet der Christen wahr?
- z.B. Was ist heute für uns das „Brot“ das wir brauchen? Welches „Brot“ braucht die Welt zum Stillen ihres Hungers (z.B. Gerechtigkeit, Frieden, Hilfe für die Armen)?
- z.B. Fällt es uns leicht Gott als „Vater“ anzusprechen? Wie nennen wir ihn außerdem?

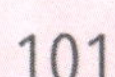

- Was sagt dieser Vers aus? Liegt in der Wortwahl eine besondere Spannung?

3.2. Gemeinsames Brainstorming oder jeder für sich
(Zeitbudget: 10 min)

Hier kann man sich entscheiden, entweder in der Gruppe ein Brainstorming zusammen auf einer Flipchart oder ähnlichem umzusetzen oder weiter in Stille Ideen zu sammeln. Wenn ihr ein gemeinsames Brainstorming macht, könnt ihr nun zunächst die Gedanken aus der stillen Zeit teilen.

Sammelt nun auch Ideen, wie ihr diese Gedanken für euch kreativ umsetzen könnt:

- Welche Symbole, Bilder oder Metaphern fallen Dir zu der Bibelstelle ein?
  - z.B. **Vater** = offene Arme
  - z.B. **Himmel** = Wolke, Sterne
  - z.B. **Brot** = Ähren, Getreide, Brotlaib
  - z.B. **Versuchung** = Schlange
  - z.B. **rette** = Rettungsring, rotes Kreuz

- Welche Farben kommen Dir in den Sinn?
  - z.B. **Vater** = warme Farben
  - z.B. **Himmel** = Blautöne, weiß
  - z.B. **Brot** = braun
  - z.B. **Versuchung** = dunkle Farben, kräftige Farben
  - z.B. **rette** = helle Farben
- Lösen diese Symbole/Designs noch einmal andere Verständnisebenen für die Bibelstelle aus?

An dieser Stelle könnt ihr auf eurem Concept Sheet Ideen erstmal ausprobieren, Skizzen zeichnen, Kreativtechniken testen usw.
Anregungen für kreative Ideen und Anleitungen für verschiedene Kreativtechniken findet ihr ihm zweiten Teil des Buches.

3.3. Materialauswahl (Zeitbudget: 5 min)

Hier sucht sich jeder die Bastelmaterialien zusammen, die er/sie für das eigene Projekt benötigt.

Diesen Teil des Workshops könnt ihr mit der Pause verbinden.

Pause: 5-10 min

4 JETZT GEHT ES LOS – KREATIVE GESTALTUNG (Zeitbudget: 25-30 min)

Jetzt geht es richtig los: Nun könnt ihr eure Ideen und Gedanken kreativ umsetzen.
Dafür könnt ihr entweder die Bibel zum Selbstgestalten verwenden oder die Kopiervorlage.

Während des Gestaltens könnte zur Inspiration christliche Lobpreismusik angestellt werden.

5 AUSTAUSCH IN DER GRUPPE (Zeitbudget: 10-15 min)

Jeder stellt das eigene Projekt vor und erläutert (wenn gewünscht) den persönlichen Zugang:

- Was bedeutet Dir dieser Bibeltext persönlich?
- Hat sich Dein Zugang zum Bibeltext durch die kreative Beschäftigung damit verändert?

Es darf natürlich auch ein ganz intuitiver Zugang sein, der nicht in Worte gefasst werden muss.

6 ABSCHLUSSGEBET UND VERABSCHIEDUNG (Zeitbudget: 5 min)

Entweder wird ein allgemeines Abschlussgebet gesprochen oder der Leiter/die Leiterin oder eine benannte Person spricht ein Gebet, das noch einmal auf das Thema eingeht und den gemeinsamen kreativen Austausch abrundet.

Abschlussgebet, z.B.:

> Gott unser Vater,
> wir danken Dir für die gemeinsame Zeit des Kreativwerdens. Danke für den wertvollen Austausch, das Nachdenken und das Gestalten in dem wir auf eine neue Art und Weise beten und Dich loben konnten.
> Durch Deinen Sohn hast Du uns das Vaterunser als Gebet geschenkt. Wir dürfen uns immer wieder an Dich wenden und so möchten wir gemeinsam beten:
> *Vater unser im Himmel, geheiligt werde dein Name. Dein Reich komme. Dein Wille geschehe, wie im Himmel so auf Erden. Unser tägliches Brot gib uns heute. Und vergib uns unsere Schuld, wie auch wir vergeben unsern Schuldigern. Und führe uns nicht in Versuchung, sondern erlöse uns von dem Bösen. Denn dein ist das Reich und die Kraft und die Herrlichkeit in Ewigkeit. Amen.*
> Gott unser Vater, schenke uns immer wieder neu die Erfahrung Dich im Gebet und in der Kreativität zu entdecken. Sei bei uns, wenn wir nach unserem persönlichen täglichen Brot suchen und gib uns die Kraft anderen zu vergeben und selbst um Vergebung zu bitten.
> Segne uns heute und morgen und alle Tage unseres Lebens.
> Amen.

VATER UNSER

ÜBER DIE ERFÜLLUNG DER WEISUNG GOTTES: 5,17–20
17 Denkt nicht, ich sei gekommen, um das Gesetz und die Propheten aufzuhel
bin nicht gekommen, um aufzuheben, sondern um zu erfüllen. 18 Amen, ich sa
Bis Himmel und Erde vergehen, wird kein Jota und kein Häkchen des Gesetze
hen, bevor nicht alles geschehen ist. 19 Wer auch nur eines von den kleinsten C
aufhebt und die Menschen entsprechend lehrt, der wird im Himmelreich der
sein. Wer sie aber hält und halten lehrt, der wird groß sein im Himmelreich. 20
sage ich euch: Wenn eure Gerechtigkeit nicht weit größer ist als die der Schrif
ten und der Pharisäer, werdet ihr nicht in das Himmelreich kommen.

17–18: Lk 16,17

DIE NEUEN THESEN: 5,21–48
21 Ihr habt gehört, dass zu den Alten gesagt worden ist: *Du sollst nicht töten*;
jemanden tötet, soll dem Gericht verfallen sein. 22 Ich aber sage euch: Jeder, de
Bruder auch nur zürnt, soll dem Gericht verfallen sein; und wer zu seinem Bru
Du Dummkopf!, soll dem Spruch des Hohen Rates verfallen sein; wer aber zu i
Du Narr!, soll dem Feuer der Hölle verfallen sein. 23 Wenn du deine Opferg
Altar bringst und dir dabei einfällt, dass dein Bruder etwas gegen dich hat,
deine Gabe dort vor dem Altar liegen; geh und versöhne dich zuerst mit deinem
dann komm und opfere deine Gabe! 25 Schließ ohne Zögern Frieden mit dein
ner, solange du mit ihm noch auf dem Weg zum Gericht bist! Sonst wird d
Gegner vor den Richter bringen und der Richter wird dich dem Gerichtsdie
geben und du wirst ins Gefängnis geworfen. 26 Amen, ich sage dir: Du kommst
nicht heraus, bis du den letzten Pfennig bezahlt hast.
27 Ihr habt gehört, dass gesagt worden ist: *Du sollst nicht die Ehe brechen*. 28
sage euch: Jeder, der eine Frau ansieht, um sie zu begehren, hat in seinem Herz
Ehebruch mit ihr begangen. 29 Wenn dich dein rechtes Auge zum Bösen verfü
reiß es aus und wirf es weg! Denn es ist besser für dich, dass eines deiner Gli
loren geht, als dass dein ganzer Leib in die Hölle geworfen wird. 30 Und w
deine rechte Hand zum Bösen verführt, dann hau sie ab und wirf sie weg! De
besser für dich, dass eines deiner Glieder verloren geht, als dass dein ganzer L
Hölle kommt. 31 Ferner ist gesagt worden: Wer seine Frau aus der Ehe entläs
ihr eine Scheidungsurkunde geben. 32 Ich aber sage euch: Wer seine Frau ent
wohl kein Fall von Unzucht vorliegt, liefert sie dem Ehebruch aus; und wer
heiratet, die aus der Ehe entlassen worden ist, begeht Ehebruch.
33 Ihr habt gehört, dass zu den Alten gesagt worden ist: Du sollst keinen
schwören, und: Du sollst halten, was du dem Herrn geschworen hast. 34 Ich
euch: Schwört überhaupt nicht, weder beim Himmel, denn er ist Gottes Thro
bei der Erde, denn sie ist der Schemel seiner Füße, noch bei Jerusalem, denn
Stadt des großen Königs! 36 Auch bei deinem Haupt sollst du nicht schwören;
kannst kein einziges Haar weiß oder schwarz machen. 37 Eure Rede sei: Ja ja,
was darüber hinausgeht, stammt vom Bösen.
38 Ihr habt gehört, dass gesagt worden ist: *Auge für Auge* und *Zahn für Za*
aber sage euch: Leistet dem, der euch etwas Böses antut, keinen Widerstand,
wenn dich einer auf die rechte Wange schlägt, dann halt ihm auch die andere hi
wenn dich einer vor Gericht bringen will, um dir das Hemd wegzunehmen,
ihm auch den Mantel! 41 Und wenn dich einer zwingen will, eine Meile mi
gehen, dann geh zwei mit ihm! 42 Wer dich bittet, dem gib, und wer von dir bo
den weise nicht ab!

5,26 Pfennig, wörtlich: Quadrans. Der Quadrans war die kleinste römische Münze und entsprach e
As. Vgl. 10,29.

43 Ihr habt gehört, dass gesagt worden ist: *Du sollst deinen Nächsten lieben* und deinen
Feind hassen. 44 Ich aber sage euch: Liebt eure Feinde und betet für die, die euch verfol-
gen, 45 damit ihr Kinder eures Vaters im Himmel werdet; denn er lässt seine Sonne
aufgehen über Bösen und Guten und er lässt regnen über Gerechte und Ungerechte.
46 Wenn ihr nämlich nur die liebt, die euch lieben, welchen Lohn könnt ihr dafür erwarten? Tun das nicht auch die Zöllner? 47 Und wenn ihr nur eure Brüder grüßt, was
tut ihr damit Besonderes? Tun das nicht auch die Heiden? 48 Seid also vollkommen, wie
euer himmlischer Vater vollkommen ist!

25–26: Lk 12,58f. / **32**: 19,9; Mk 10,11f.; Lk 16,18 / **33–37**: Jak 5,12 / **39–42**: Lk 6,29f. / **43–48**: Lk 6,27f.32–36
21: Ex 20,13; Dtn 5,17 / **27**: Ex 20,14; Dtn 5,18 / **31**: Dtn 24,1 / **33**: Lev 19,12; Num 30,9; Dtn 23,22 / **38**: Ex 21,24; Lev 24,20; Dtn 19,21 / **43**: Lev 19,18 / **48**: Lev 19,2

VOM ALMOSEN: 6,1–4

6 1 Hütet euch, eure Gerechtigkeit vor den Menschen zu tun, um von ihnen gesehen zu werden; sonst habt ihr keinen Lohn von eurem Vater im Himmel zu
erwarten. 2 Wenn du Almosen gibst, posaune es nicht vor dir her, wie es die Heuchler in den Synagogen und auf den Gassen tun, um von den Leuten gelobt zu [illegible]
Amen, ich sage euch: Sie haben ihren Lohn bereits erhalten. 3 Wen[illegible]
gibst, soll deine linke Hand nicht wissen, was deine rechte tut, 4 da[illegible]
im Verborgenen bleibt; und dein Vater, der auch das Verborgene s[illegible]
vergelten.

VOM BETEN [illegible] DAS VATERUNSER: 6,5–15

5 Wenn ihr betet, mach[illegible] in
die Synago[illegible] sehen werden.
Amen, ich sage e[illegible] Du aber, wenn du betest,
geh in deine Kam[illegible] bete zu deinem Vater, der im Verborgenen ist! Dein Vater, [illegible] Verborgene sieht, wird es dir vergelten. 7 Wenn
betet, sollt ihr nicht plappern wie die Heiden, die meinen, [illegible] erhört, we[illegible]
sie viele Worte machen. 8 Macht es nicht wie sie, denn euer Vater weiß, was ihr braucht,
noch ehe ihr ihn bittet. 9 So sollt ihr beten:
Unser Vater im Himmel, / geheiligt werde dein Name,
10 dein Reich komme, / dein Wille geschehe / wie im Himmel, so auf der Erde.
11 Gib uns heute das Brot, das wir brauchen!
12 Und erlass uns unsere Schulden, / wie auch wir sie unseren Schuldnern erlassen
haben!
13 Und führe uns nicht in Versuchung, / sondern rette uns vor dem Bösen!
14 Denn wenn ihr den Menschen ihre Verfehlungen vergebt, da[illegible] er himmlischer Vater auch euch vergeben. 15 Wenn ihr aber den Mensche[illegible] ebt, dann
wird euch euer Vater eure Verfehlungen [illegible] vergeben.

9–13: Lk 11,2–4 / **14–15**: Mk 11,25f.

VOM FASTEN: 6,16–18

16 Wenn ihr fastet, ma[illegible] esicht wie die Heuchler! Sie geben sich ein
trübseliges Aussel[illegible] eute merken, dass sie fasten. Amen, ich sage euch:
Sie haben ihre [illegible] erhalten. 17 Du aber, wenn du fastest, salbe dein Haupt

5,43 und de[illegible] n: dieser Satzteil steht nicht in Lev 19,18. Wahrscheinlich bezieht sich der Evangelist auf ei[illegible] des Schriftwortes.
6,9 [illegible] ung gebräuchlich: Vater unser im Himmel, geheiligt werde [illegible] m Himmel, so auf Erden. Unser tägliches Brot gib [illegible] sern Schuldigern. Und führe uns nicht in [illegible] ehnung an 1 Chr 29,10f.

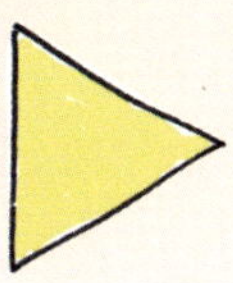

Die Frucht des Geistes aber ist Liebe, Freude, Friede,
Langmut, Freundlichkeit, Güte, Treue.

(Gal 5,22)

Idee von MICHAELA MOKRY

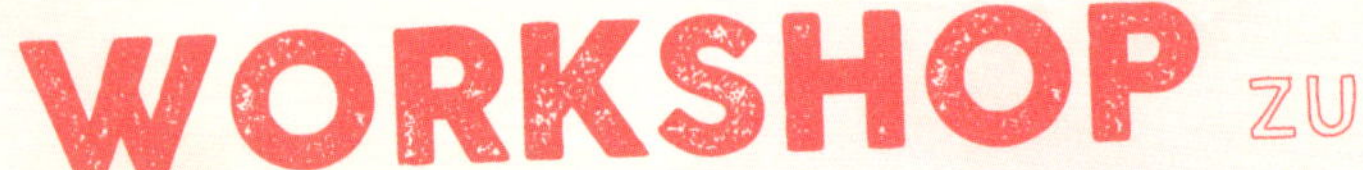

WORKSHOP ZU GALATER 5,22

Zeitbudget insgesamt für diese Workshop-Einheit: 1,5 h

1 EINSTIEG (Zeitbudget: 5 min)

Begrüßung

Hier stellt ihr das Thema vor und solltet die Angst vor der kreativen Hürde nehmen: Jeder ist ein Künstler! Wenn die kreative Bibelarbeit für euch und eure Gruppe noch Neuland ist, könnt ihr hier auch kurz erklären, was es damit auf sich hat. Anregungen dazu findet ihr auf den ersten Seiten dieses Buches.

Einstiegs-Gebet z.B.

Guter Gott,
wir sind heute zusammengekommen als Gruppe, um uns auf besondere Weise auf Dein Wort einzulassen. Kreativ wollen wir Deinem Wort nachspüren.
Schenke uns dafür die nötige Ruhe, Ausgelassenheit, Kreativität und Mut, etwas Neues zu wagen.
Segne uns, unsere Gemeinschaft und unseren Austausch in der Gruppe.
Amen.

2 BIBELTEXT (Zeitbudget: ca. 15 min)

- Zu Beginn wird der ausgewählte Bibeltext, Gal 5,22, gemeinsam gelesen. Zusätzlich können Vergleich- und Parallelstellen gelesen werden.
- An dieser Stelle könnt ihr auch erklären, warum genau dieser Bibeltext ausgewählt wurde (Lieblingsvers von ..., Zufall, thematischer Schwerpunkt: Heiliger Geist).

3 VORBEREITUNGSPHASE (Zeitbudget: 10 min)

Bevor alle in die kreative Umsetzung des Bibeltextes gehen, kann man in eine stille Phase übergehen, in der sich jeder Teilnehmer zunächst für sich Gedanken zu den Versen macht. Dabei können ausgesuchte Reflexionsfragen helfen. Auf dem Concept Sheet (Ideenpapier) kann jeder seine Gedanken festhalten. In einem gemeinsamen Brainstorming können die Gedanken dann in der Gruppe geteilt werden.

3.1. In Stille jeder für sich (Zeitbudget: 10 min)

Concept Sheet ausfüllen

- Welche Wörter stecken in dem Vers?
  - z.B. Heiliger Geist, Gaben, Liebe, Freude, Friede, Langmut, Freundlichkeit, Güte, Treue
- Welche Emotionen lösen diese Worte aus? Welche Stimmung wird vermittelt?
  - z.B. Vertrauen, Geborgenheit, beflügelt sein
- Gibt es Synonyme oder Antonyme, die zur Erschließung des Textes helfen?
  - z.B. Liebe ≠ Hass, Freude ≠ Traurigkeit, Langmut ≠ Ungeduld, Freundlichkeit ≠ Unfreundlichkeit, Treue ≠ Untreue, Hintergehen
- In welchem Kontext steht der Vers?
- Passt dieser Vers besonders in unsere aktuelle Zeit? Wenn ja, warum?
  - z.B. Wo spüre ich die Gaben des Heilgen Geistes im Alltag?
- Was sagt dieser Vers aus? Liegt in der Wortwahl eine besondere Spannung?

3.2. Gemeinsames Brainstorming oder jeder für sich (Zeitbudget: 10 min)

Hier kann man sich entscheiden, entweder in der Gruppe ein Brainstorming zusammen auf einer Flipchart oder ähnlichem umzusetzen oder weiter in Stille Ideen zu sammeln. Wenn ihr ein gemeinsames Brainstorming macht, könnt ihr nun zunächst die Gedanken aus der stillen Zeit teilen.

Sammelt nun auch Ideen, wie ihr diese Gedanken für euch kreativ umsetzen könnt:

- Welche Symbole, Bilder oder Metaphern fallen Dir zu der Bibelstelle ein?
  - z.B. **Liebe** = Herz
  - z.B. **Treue** = Eheringe, Band, Verbindung
  - z.B. **Güte** = Geschenk, Schenken
  - z.B. **Freundlichkeit** = lachendes Gesicht, freundliches Gesicht
- Welche Farben kommen Dir in den Sinn?
  - z.B. **Liebe** = rot, warme Farben
  - z.B. helle Farben
  - z.B. **grün** = Hoffnung
- Lösen diese Symbole/Designs noch einmal andere Verständnisebenen für die Bibelstelle aus?

An dieser Stelle könnt ihr auf eurem Concept Sheet Ideen erstmal ausprobieren, Skizzen zeichnen, Kreativtechniken testen usw.
Anregungen für kreative Ideen und Anleitungen für verschiedene Kreativtechniken findet ihr ihm zweiten Teil des Buches.

3.3. Materialauswahl (Zeitbudget: 5 min)

Hier sucht sich jeder die Bastelmaterialien zusammen, die er/sie für das eigene Projekt benötigt.

Diesen Teil des Workshops könnt ihr mit der Pause verbinden.

Pause: 5-10 min

4 JETZT GEHT ES LOS – KREATIVE GESTALTUNG (Zeitbudget: 25-30 min)

Jetzt geht es richtig los: Nun könnt ihr eure Ideen und Gedanken kreativ umsetzen.
Dafür könnt ihr entweder die Bibel zum Selbstgestalten verwenden oder die Kopiervorlage.

5 AUSTAUSCH IN DER GRUPPE (Zeitbudget: 10-15 min)

Jeder stellt das eigene Projekt vor und erläutert (wenn gewünscht) den persönlichen Zugang:

- Was bedeutet Dir dieser Bibeltext persönlich?
- Hat sich Dein Zugang zum Bibeltext durch die kreative Beschäftigung damit verändert?

Es darf natürlich auch ein ganz intuitiver Zugang sein, der nicht in Worte gefasst werden muss.

6 ABSCHLUSSGEBET UND VERABSCHIEDUNG (Zeitbudget: 5 min)

Entweder wird ein allgemeines Abschlussgebet gesprochen oder der Leiter/die Leiterin oder eine benannte Person spricht ein Gebet, das noch einmal auf das Thema eingeht und den gemeinsamen kreativen Austausch abrundet.

Abschlussgebet, z.B.:

> Guter Gott,
> im Heiligen Geist haben wir einen ständigen Wegbegleiter, den Du uns gesendet hast.
> Vielleicht spüren wir es nicht immer, doch die Gabe des Heiligen Geistes ist uns immer wieder geschenkt.
> Lass uns auf Ihn, den Heiligen Geist, vertrauen, wenn Zweifel an uns nagen.
> Lass uns Liebe, Freude, Friede, Langmut, Freundlichkeit, Güte und Treue spüren, die er uns schenkt.
> So reich beschenkt möchten wir uns von Dir segnen lassen.
> Im Namen des Vaters und des Sohnes und des Heiligen Geistes.
> Amen.

GALATER 5,13–6,10
DER RECHTE GEBRAUCH DER FREIHEIT: 5,13–6,10
DAS VOM GEIST GELEITETE LEBEN: 5,13–25
13 Denn ihr seid zur Freiheit berufen, Brüder und Schwestern. Nur nehmt die Freiheit
nicht zum Vorwand für das Fleisch, sondern dient einander in Liebe! 14 Denn das ganze Gesetz ist in dem einen Wort erfüllt: Du sollst deinen Nächsten lieben wie dich
selbst! 15 Wenn ihr aber einander beißt und fresst, dann gebt Acht, dass ihr nicht einer
m anderen verschlungen werdet! 16 Ich sage aber: Wandelt im Geist, dann werdet ihr
s Begehren des Fleisches nicht erfüllen! 17 Denn das Fleisch begehrt gegen den Geist,
er Geist gegen das Fleisch, denn diese sind einander entgegengesetzt, damit ihr nicht
tut, was ihr wollt. 18 Wenn ihr euch aber vom Geist führen lasst, dann steht ihr nicht
unter dem Gesetz.
Werke des Fleisches sind deutlich erkennbar: Unzucht, Unreinheit, Ausschwei-
Zauberei, Feindschaften, Streit, Eifersucht, Jähzorn, Eigennutz,
21 Neid, maßloses Trinken und Essen und Ähnliches mehr.
wie ich es früher vorausgesagt habe: Wer so etwas tut, wird das
22 Die Frucht des Geistes aber ist Liebe, Freude, Friede, Lang-
mut, Freundlichkeit, Güte, Treue, 23 Sanftmut und Enthaltsamkeit; gegen all das ist das
Gesetz nicht. 24 Die zu Christus Jesus gehören, haben das Fleisch und damit ihre Lei-
denschaften und Begierden gekreuzigt. 25 Wenn wir im Geist leben, lasst uns auch im
Geist wandeln!
13: 1 Petr 2,16f. / 14: Röm 13,9 / 16: 5,25; Röm 8,5 / 17: Röm 8,6 / 18: Röm 8,14 / 20: 1 Kor 1,10f.; 6,9f.; Offb 22,15
Kol 3,5f. / 22–23: Eph 5,9; 2 Kor 6,6; 2 Petr 1,6; 1 Tim 1,9 / 24: Röm 6,6 / 25: 5,16
DAS GESETZ CHRISTI: 5,26–6,10
26 Lasst uns nicht prahlen, nicht einander herausfordern und einander nicht beneiden!
6 1 Brüder und Schwestern, wenn ein Mensch sich zu einer Verfehlung hinreißen
lässt, so sollt ihr, die ihr vom Geist erfüllt seid, ihn im Geist der Sanftmut zurecht-
weisen. Doch gib Acht, dass du nicht selbst in Versuchung gerätst! 2 Einer trage des
anderen Last; so werdet ihr das Gesetz Christi erfüllen. 3 Denn wer sich einbildet, etwas
zu sein, obwohl er nichts ist, betrügt sich selbst. 4 Jeder prüfe sein eigenes Werk. Dann
wird er sich nur im Blick auf sich selbst rühmen können, nicht aber im Vergleich mit
anderen. 5 Denn jeder wird seine eigene Bürde zu tragen haben.
FRIEDE
love

WUNSCH:
LANGMUT
do all things with LOVE
kreativ
Mit über 100 Stickern
Liebe
ja!
BIBEL kreativ

ARTEZA
Erde
yeah!
Friede
Perfekt
beten
DANK
ZU
LIEBE
selig
Herz Herz Herz
ER
Himmel
Danke
Geist
Sterne
JESUS
WOW! WOW! WOW!
so
Anfang
Liebe
love
Himmel
GLAUBE
wundervoll
gut gut
FÜR IMMER
Bitte
love
Seele Seele Seele
REGEN bogen
Gott
FRIEDE
GOTT
Nein
Mehr
HURRA
HURRA
gut! gut! gut!
Finde ich gut
SUPER
FRIEDEN
erkenne
MEIN
HERZ

Kreativ TECHNIKEN

von ANNA-KATHARINA STAHL

Kreativtechniken

Es gibt verschiedene Techniken, mit denen man eine Seite kreativ gestalten kann.
Dazu ist folgendes Material hilfreich:

MATERIAL

Bleistift

Zum Vorzeichnen eignen sich Bleistifte der Härtegrade HB oder 2B. Es empfiehlt sich, den Stift nicht zu stark anzuspitzen, da er sonst das Papier zerkratzt und die Spuren beim Wegradieren der Vorzeichung sichtbar werden.

Radiergummi

Ein Radiergummi gehört zu den wichtigsten Materialien, da man die Scribbles nicht sehen sollte. Empfehlenswert sind Radiergummis weißer Farbe, da sie nicht schmieren und keine farbigen Spuren hinterlassen.

Lineal

Besonders am Anfang ist es hilfreich, wenn man sich fürs Handlettering ein Raster vorzeichnet, um nicht zu oft von vorne beginnen zu müssen.

Fineliner

Fineliner haben eine feine Spitze und ermöglichen einen gleichmäßigen Schreibfluß. Mit dem Fineliner kann man die Vorzeichnungen in ein schönes Werk verwandeln. Er eignet sich für Buchstaben, Verzierungen und grafische Elemente. Es ist sinnvoll, sich eine kleine Auswahl an Strichstärken zuzulegen, fehlen sollte auf keinen Fall S, F und XS. Achte darauf, dass die Stifte lichtbeständig und wasserfest sind.

Filzstifte und Marker

Im Gegensatz zum Brushpen haben Filzstifte unbewegliche Spitzen. Für Letterings sollten sie wasserfest sein, für Untergründe sind eher die wasservermalbaren Aquarellfilzstifte interessant, da sich mit ihnen fließende Farbübergänge und lasierende Flächen gestalten lassen.

Brushpen

Brushpens haben eine bewegliche Spitze und geben beim Aufdrücken wie ein Pinsel nach. Mit ihnen lassen sich daher die Strichstärken durch Druckunterschiede variieren. Nicht ganz leicht, aber probiere es doch einfach mal aus. Eine Anleitung dazu findest Du im Kapitel Handlettering.

Tusche

Traditionell eher der Kalligraphie vorbehalten, lassen sich Handletterings natürlich auch mit Feder und Tusche ausführen.

Papier

Für schnelle Entwürfe genügt einfaches Druckerpapier. Transparentpapier, Kohle- oder Pauspapier benötigt man, um Entwürfe zu bearbeiten, ohne von vorne anfangen zu müssen.
Für Fineliner sind besonders glatte Oberflächen geeignet. Beim Einsatz von Wasser sollte man darauf achten, daß das Papier nicht zu dünn ist bzw. reduziert mit Wasser umgehen.

Ansonsten kann man, besonders fürs Collagieren, nie genug Papiere haben: Tonpapier, Packpapier, Tortenuntersetzer, Zeitungspapier, alte Briefe, Rezepte, vergilbte Bibelausgaben etc.

WIE GESTALTE ICH EINE BIBELSEITE?

Zuallererst sollte man sich immer einige Ideenskizzen machen und dann Schritt für Schritt vom Hintergrund nach vorne arbeiten.
Für den Hintergrund eignen sich sanfte Pastelltöne, Muster, Papierschnipsel oder beschriftete Materialien, die gegebenenfalls an den Rändern mit Farbe abgesoftet werden sollten, damit sie nicht zu viel Unruhe ins Gesamtbild bringen und von der Hauptbotschaft ablenken.
TIPP Mit dem Fön kann der Trocknungsprozess beschleunigt werden.

Mit Stickern, Stempeln, Symbolen, Formen, Mustern und Zeichnungen arbeitet man sch weiter nach vorne. Im Vordergrund steht dann ein Wort oder ein kleiner Text, der die ausgewählte Bibelstelle auf den Punkt bringt. Hier kommen Handletterings zum Einsatz, es können aber auch vorgefertigte Sticker oder Stempel verwendet werden. Und so ganz nebenbei erschließt sich ein neuer Zugang zur Bibel.

Deiner Kreativität sind keine Grenzen gesetzt! Oft kommt man aber zu einem besseren Ergebnis, wenn man die Mittel und Farben beschränkt.
Im Folgenden werden die wichtigsten Kreativtechniken anhand von Beispielen kurz erläutert.

TIPP Lege zum Üben einfach ein Transparentpapier auf die Vorlagen im Buch. So bekommt Deine Hand Übung und Du kannst bald ohne Anleitung loslegen.
Ein abgepaustes Motiv kann aber auch mit Transparentpapier ganz einfach auf eine beliebige Stelle übertragen werden: Die Rückseite mit schwarzer Kreide schwärzen, diese auf die Bibelseite legen, und das Motiv mit einem ausgeschriebenen Kugelschreiber nachfahren. Fertig. Schneller geht es mit Kohlepapier oder einem Leuchttisch.

Beispiel siehe S. 72

Handlettering

Im Zeitalter der Digitalisierung erfreut sich das Handgemachte zunehmender Beliebtheit. Im Gegensatz zur Kalligrafie, die präzise Schwünge und einen kontinuierlichen Schreibfluss und viel Übung erfordern, werden beim Handlettering einzelne Buchstaben gezeichnet und so aus Wörtern individuelle Kunstwerke geschaffen. Dadurch kommt man zur Ruhe, findet Entspannung.
Um die Kenntnis der kleinen Schriftenkunde kommt man beim Handlettern nicht herum.

ANATOMIE DER BUCHSTABEN

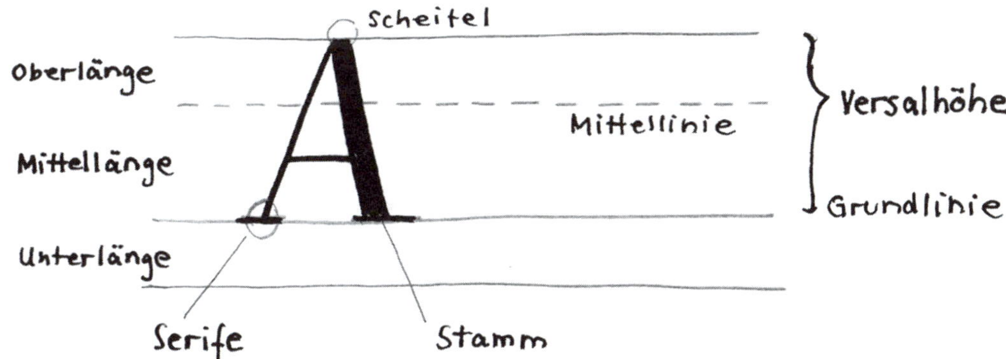

SERIFENLOSE SCHRIFTEN

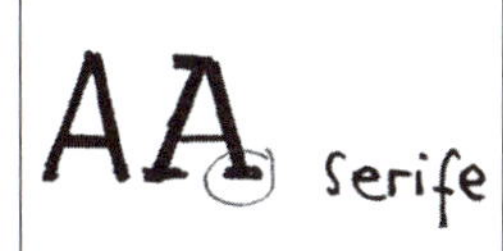

Eine Schrift ohne „Füßchen" bezeichnet man als serifenlos oder Groteskschrift. Sie eignet sich besonders gut für den Einstieg ins Handlettering.
TIPP Als Übung kann man Transparentpapier über das im Buch abgebildete Alphabet legen und dieses nachzeichnen bzw. kopieren.

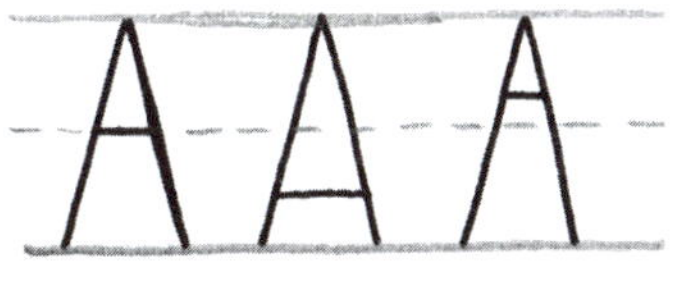

Wenn man eine Schrift lang und schmal, breit und rund oder auseinandergezogen darstellt, beeinflusst dies ihre Wirkung grundlegend. Auch ein extrem hoch oder tief sitzender Querbalken verändert das Schriftbild. Nicht nur die Großbuchstaben (Majuskeln), auch die Kleinbuchstaben (Minuskeln) lassen sich variieren: kreisrund, oval oder spitz. Macht man die Buchstaben fett, entsteht ein neuer Schriftschnitt – und schon kommt Abwechslung ins Handlettering und die Botschaft ändert sich.

TIPP Wenn man mit Hilfslinien arbeitet, kann man die Proportionen zwischen Ober- und Unterlänge leichter einhalten.

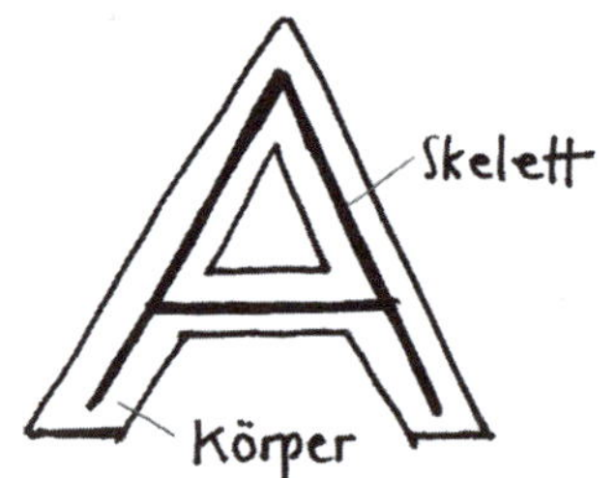

Schriftvariationen

Die serifenlosen Schriftzeichen kann man als „Skelett“ benutzen, um die Schrift vielfältig zu variieren.
Wie dick die Striche einer Schrfit sind, wird mit den Begriffen regular, light, semibold, bold und black beschrieben. Eine geneigte Schrift bezeichnet man als kursiv.

dünn
kursiv
FETT
schmal
b r e i t

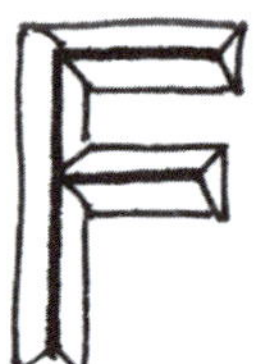

1 Vorzeichnung
2 Buchstaben körper zeichnen
3 Buchstaben kolorieren (mit Farbe füllen)

Schatten und die Variation der Deckkraft ergeben einen 3D-Effekt.

SERIFENSCHRIFTEN

Die „Füßchen“ der Buchstaben können vielfältig gestaltet werden. Der Phantasie sind dabei keine Grenzen gesetzt.

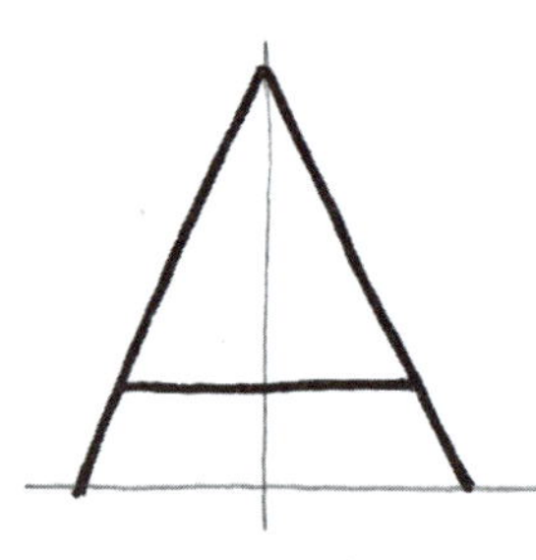

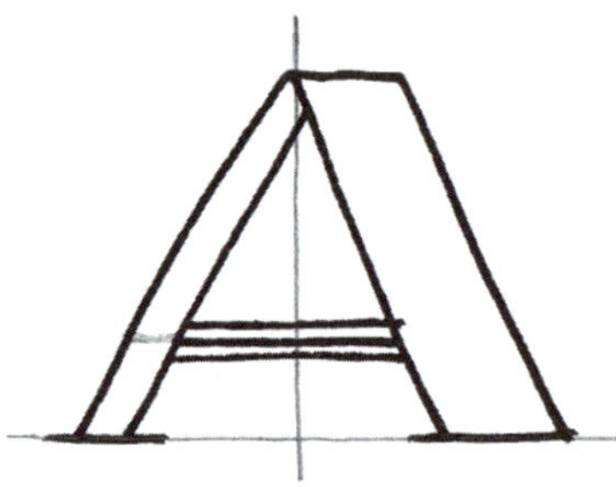

1 GRUNDFORM
2 SUBSTANZ ZUGEBEN
3 SERIFEN

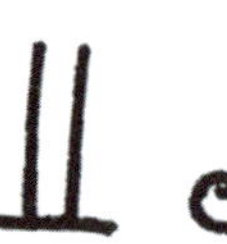

SCHREIBSCHRIFT

Die Schreibschrift wird möglichst ohne Unterbrechung geschrieben – beim Lettering zeichnet man jeden Buchstaben einzeln und verbindet die Zeichen dann durch Schlaufen, die ähnlich sein sollten.

FAUX CALLIGRAPHY/FALSCHE KALLIGRAPHIE

Mit dem Fineliner wird der Effekt/Tintenfluß imitiert, den man mit der Kalligraphie-Feder durch Druckunterschied bei den Abstrichen erreicht: Man verbreitert die Abstriche und malt die so entstandenen Flächen aus. Die Abstriche können auf der linken und rechten Seite des Buchstabens gezeichnet werden.

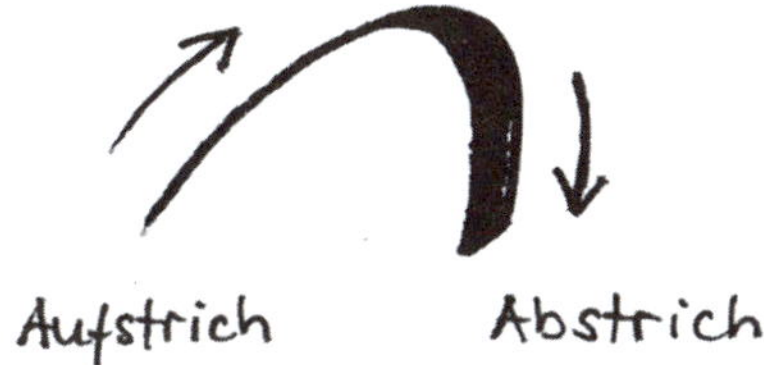

Achtung: Die Abstriche immer erst am Scheitelpunkt verbreitern.
Hilfreich sind anfangs mit einem Bleistft gezeichnete senkrechte Hilfslinen in der Mitte der Buchstabenbögen.

Wenn Du Dir unsicher bist, an welcher Stelle Du die Schrfit verbreitern sollst, kannst Du einfach im Alphabet auf Seite XX nachschauen.

BOUNCE LETTERING

Noch mehr Dynamik wird erreicht, wenn man die Buchstaben rhythmisch über das Blatt tanzen lässt.

BRUSH LETTERING

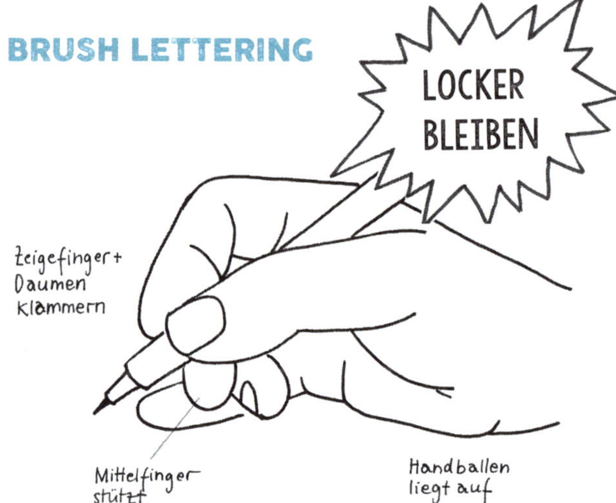

Mit einem Pinsel oder Pinselstift werden wie bei der Kalligraphie dicke und dünne Linien erzeugt. Rhythmus und Fluss spielen dabei eine große Rolle.
Da die flexibe Spitze des Brushpens beim Schreiben nachgibt, entsteht automatisch ein Kontrast zwischen den dünnen aufwärtsführenden und den dickeren abwärtsführenden Strichen.

Der Stift sollte dabei nur mit Daumen und Zeigefinger gehalten und sanft über das Papier gezogen werden. Aufwärts mit wenig (es ist eher ein Gleiten), abwärts mit viel Druck.
Hier gilt: Übung macht den Meister, denn es ist anfangs nicht ganz leicht, die dünnen Linien sauber hinzubekommen. Absetzen ist erlaubt! In den Übungsbeispielen sind die entsprechenden Stellen mit Zahlen gekennzeichnet.

Nicht zufrieden? Man kann die Buchstaben jederzeit mit dem Fineliner ausbessern.

FÜLLMUSTER

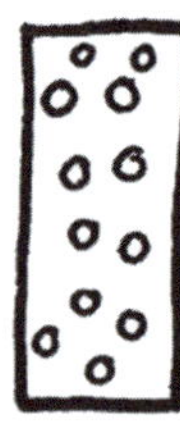

DEKORATIVE ELEMENTE

Mit dekorativen Elementen lässt sich die Gestaltung strukturieren, können Leerräume gefüllt und Wichtiges hervorgehoben werden.

Von Bedeutung sind auch die kleinen Füllwörter, die interessant gestaltet werden können:

Wie läßt sich das Handlettering interessant gestalten bzw. eine Botschaft hervorheben?

- Buchstaben größer oder fetter zeichnen
- Beschränkung auf Großbuchstaben bzw. Kombination verschiedener Schriftarten
- Farben
- unterlegte Kästchen, Pfeile oder Ornamente

Achtung Die Wahl der Schriftart, der Stärke und Größe der Buchstaben und ihre Anordnung evoziert immer auch unterschiedliche Gefühle.
Die Optik sollte zum Inhalt passen: „glücklich" ist eher eine Schreibschrit, „Liebe" ist nicht grau, „Trauer" nicht pink.

Wie kann man die Spannung steigern?

Spannung entsteht auch, wenn man die Grundlinie schräg oder gebogen gestaltet. Dabei sollte man beachten:

- die Linie muss entsprechend der Leserichtung von links nach rechts aufsteigend verlaufen
- die Buchstabenachse sollte parallel zum Blattrand sein
- bei gebogenen Grundlinien wirkt es dynamischer, wenn die Buchstabenachsen senkrecht zur Grundlinie verlaufen

Zeichne Dir die Achsen ein, dann geht es leichter!

VORGEHEN

IMMER ERST DENKEN

Bevor man an eigene Kreationen geht, sollte man

- Das Zitat mit Bleistift auf ein Notizblatt schreiben
- Die Wörter markieren, die hervorgehoben werden sollen
- Die passenden Schriftarten auswählen
- Eine grobe Skizze anfertigen und die Idee mit einigen Bleistiftstrichen festhalten.
  Dazu eignen sich die Härtegrade HB, 2B oder 3B.

Dann folgt die Ausarbeitung des Entwurfes. Hilfreich ist dabei, sich ein feines Raster mit Grund-, Versal- und Mittellinie vorzuzeichnen oder unterzulegen.
Dann kann man die Buchstaben reinzeichnen, den Entwurf gegebenfalls auf das gewünschte Papier übertragen und mit Fineliner nachzeichnen.

Wie lässt sich mein Kunstwerk vom Skizzenpapier übertragen?

Es eignen sich Graphitpapier (erhältlich in jedem Schreibwarengeschäft), Transparentpapier oder ein Leuchttisch.
Das Transparentpapier oder auch das Skizzenpapier kann auf der Rückseite mit Kreide, Kohle oder Graphit geschwärzt werden. Zeichnet man die Linien dann mit einem ausgeschriebenen Kugelschreiber nach, drückt sich das Motiv durch.

TIPP Du kannst Deinen Entwurf auch an der Fensterscheibe durchpausen. Alternativ eignet sich auch ein verglaster Bilderrahmen (ohne Rückwand), hinter den eine helle Lampe gestellt wird.

Angst vorm weißen Blatt Papier?

Beim Handlettering gehört es dazu, die Regeln der Typographie zu brechen. Die Linien müssen nicht perfekt sein! Unregelmäßigkeiten machen den Charme des Letterings aus. Wichtig ist nur, dass Du einer Horinzontlinie folgst, damit das Lettering am Ende ausgewogen ist.

TIPP Man kann seiner Kreativität freien Lauf lassen, sollte aber darauf achten, daß die Botschaft nicht nur optisch ansprechend, sondern auch lesbar ist.

Jetzt Du

Buchstaben mit Muster füllen

AUFWÄRMÜBUNGEN

Abstrich (Druck auf den Stift)

Aufstrich (Druck wegnehmen)

Am Scheitelpunkt den Druck verringern

MERKE

A A A J J J

B B B K K K

C C C L L L

D D D M M M

E E E N N N

F F F O O O

G G G P P P

H H H Q Q Q

I I I R R R

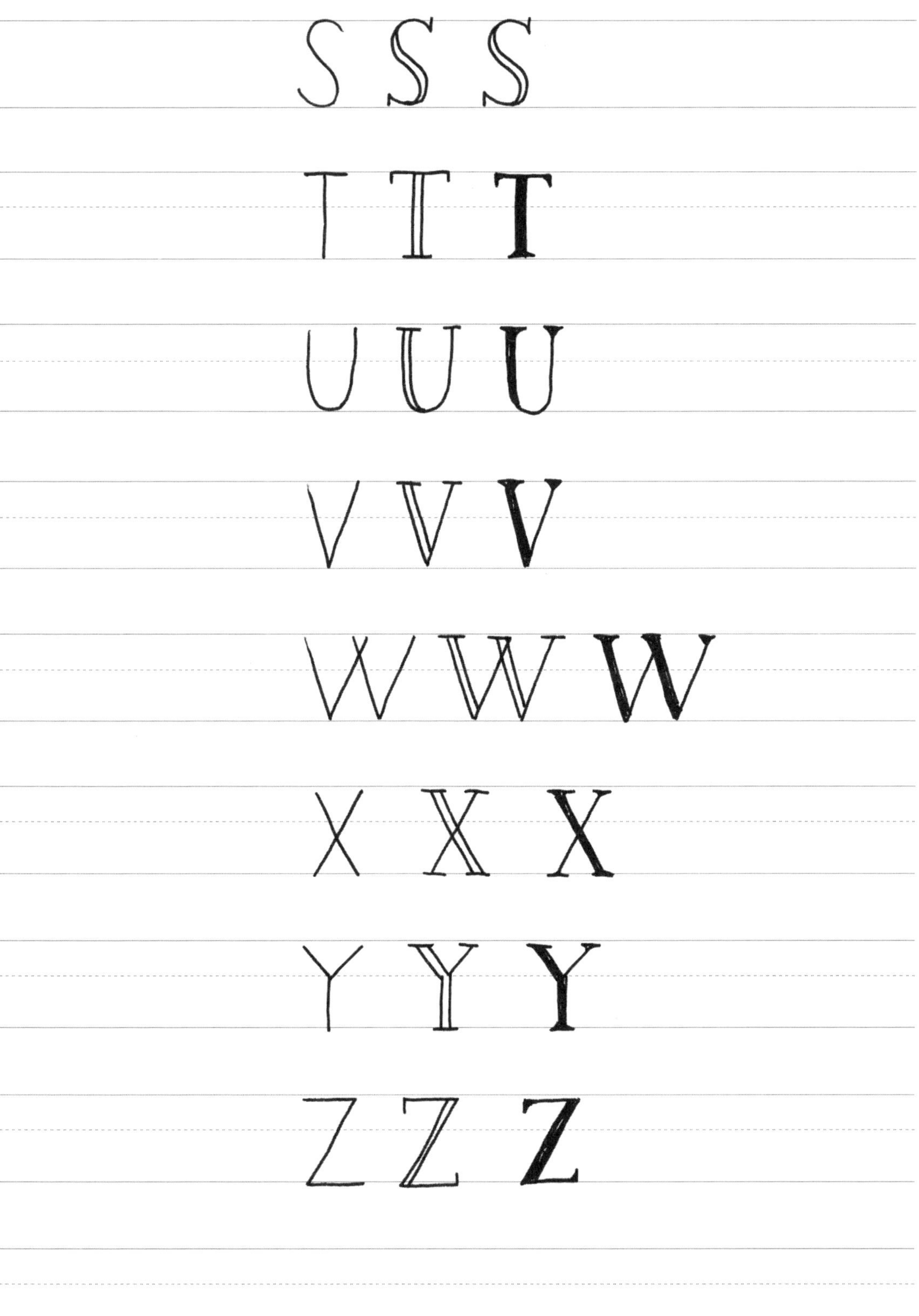
S S S
T T T
U U U
V V V
W W W
X X X
Y Y Y
Z Z Z

a a

b b

c c

d d

e e

f f

g g

h h

i i

j j

k k

l l

m m

n n

o o

p p

q q

r r

s s

t t

u u

v v

w w

x x

y y

z z

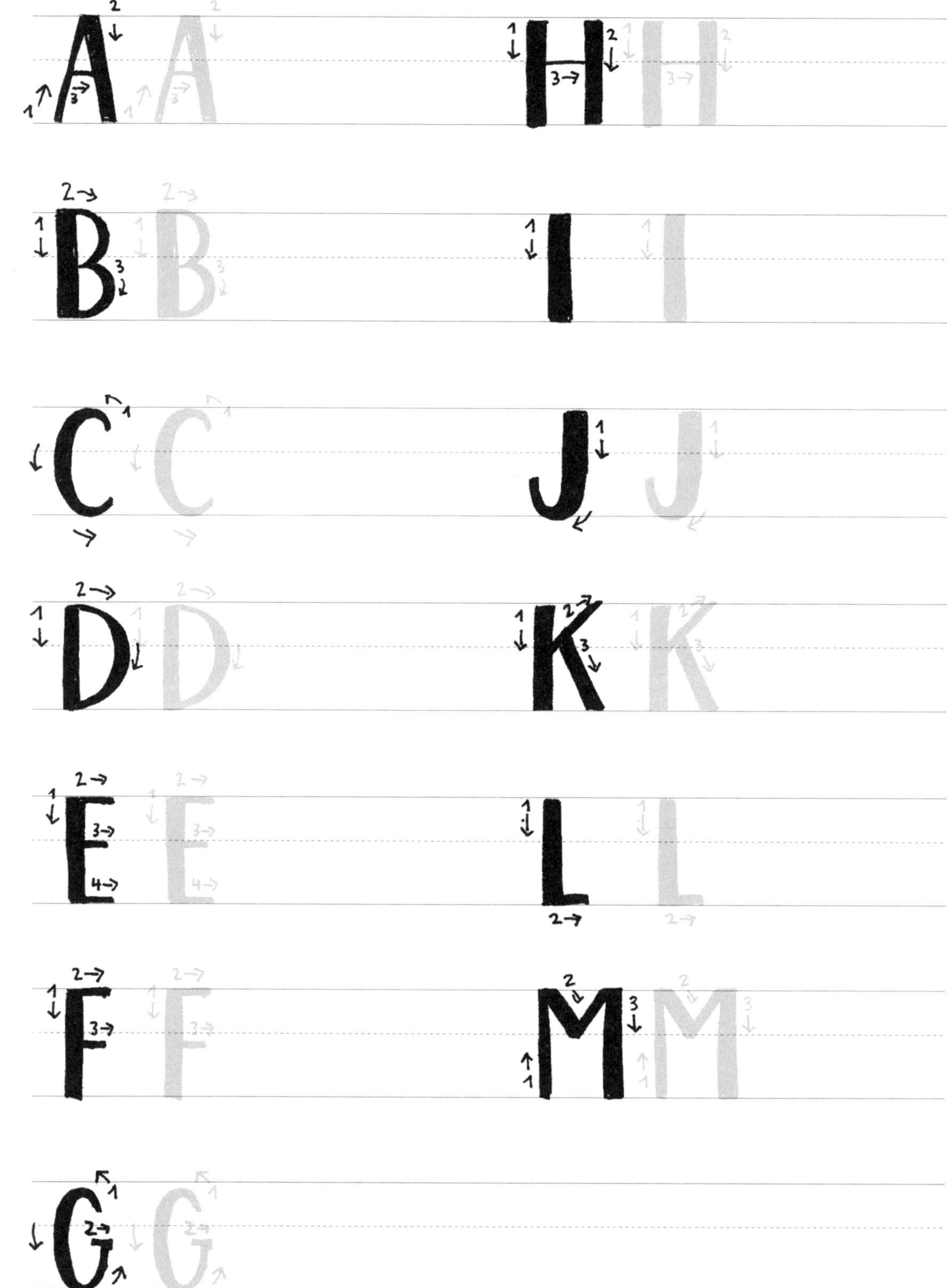

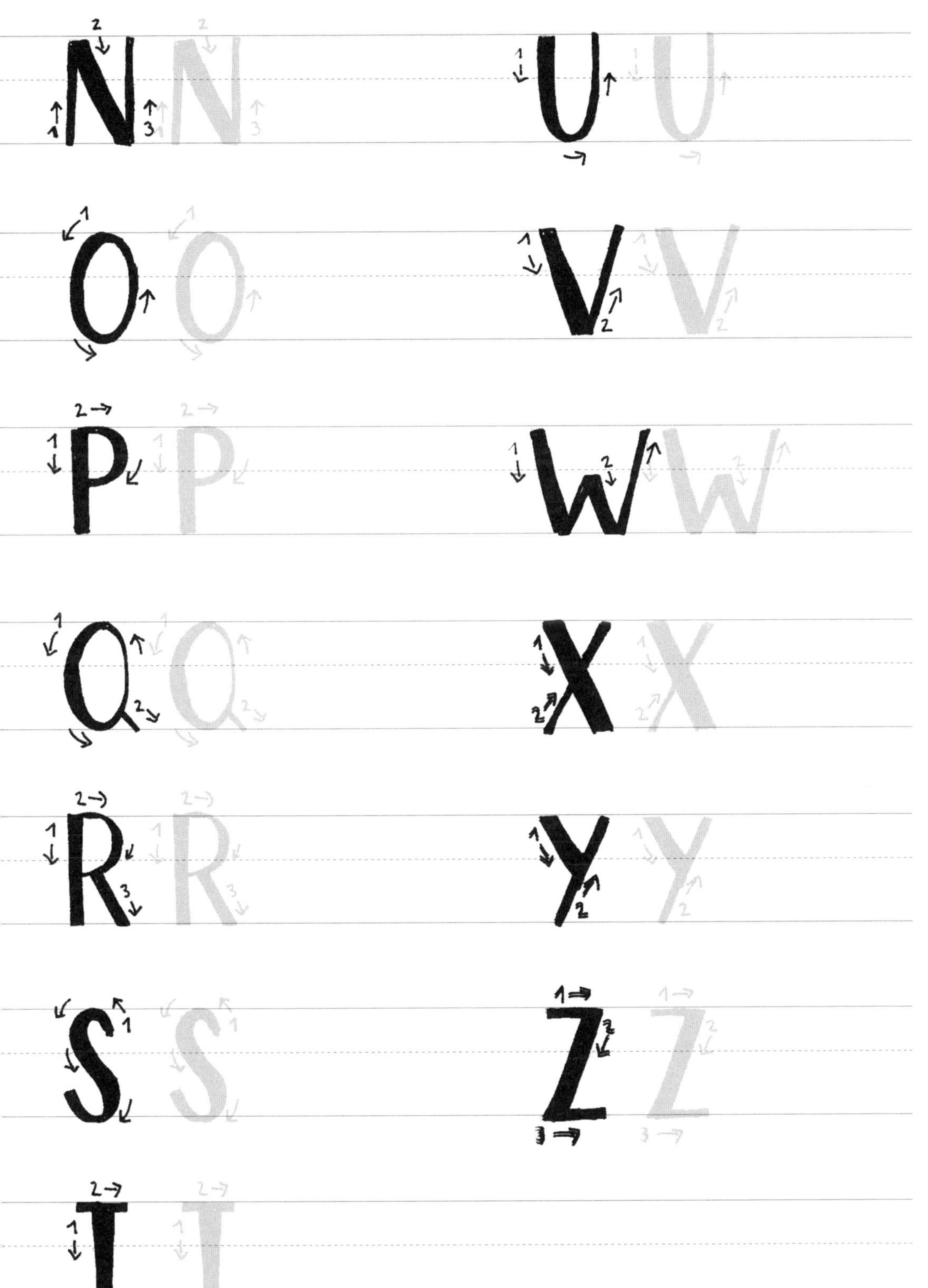

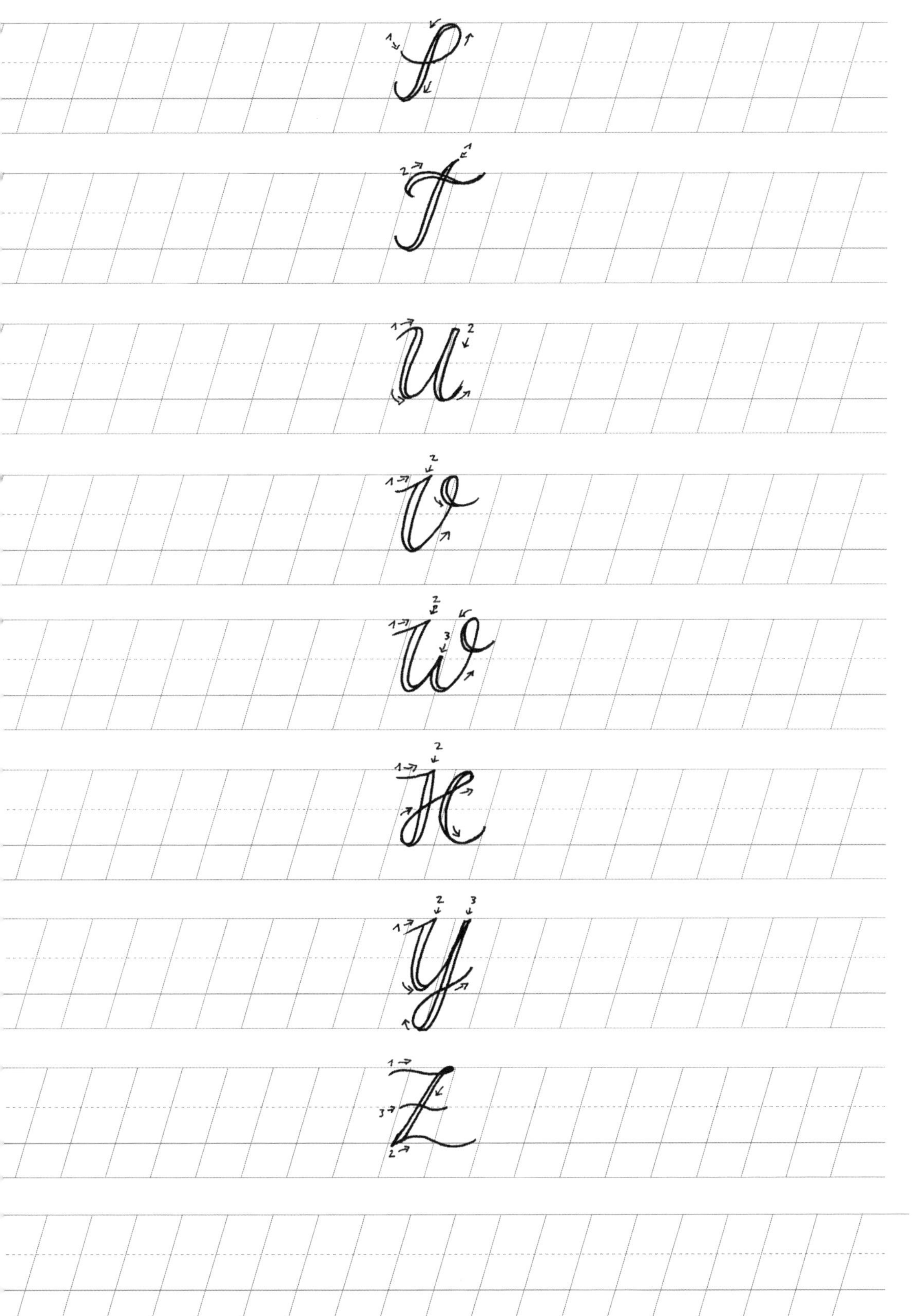

A B C D E F G

H I J K L M

N O P Q R S T

U V W X Y Z

1 2 3 4 5 6 7 8 9 10

1 2 3 4 5 6 7 8 9 0

ABCDEF
GHIJKL
MNOPQ
RSTUV
WXYZ
1234567890

ABCDEFGHI
JKLMNOPQR
STUVWXYZ
abcdefghijklm
nopqrstuvwxyz
1234567890

ABCDEF
GHIJKL
MNOPQ
RSTUV
WXYZ
1234567890
1234567890

ABCDE
FGHIJ
KLMNOP
QRSTUV
WXYZ
12345
67890

A B C D E

F G H I J

K L M N O

P Q R S T U

V W X Y Z

a b c d e f g h i

j k l m n o p q

r s t u v w x y z

Beispiel
siehe S. 48

Pastellkreide

Mit Pastellkreiden lassen sich schöne Hintergründe erzeugen, die transparent genug sind, um Bibelworte noch durchscheinen zu lassen.
Probiere auf einem Notizzettel einfach mal aus, wie die Pigmente sich auftragen und mit dem Zeigefinger verstreichen lassen.
Schöne Effekte erzielt man, wenn man Farben ähnlicher Helligkeit aufs Papier aufträgt und dann mit dem Finger verwischt, sodass fließende Übergänge zwischen den einzelnen Farben entstehen.

Farben auftragen

Mit dem Zeigefinger verwischen

TIPP Pastelle sollten immer fixiert werden, da sonst die Pigmente verwischt werden. Falls Du kein Pastellfixativ zur Hand hast, kannst Du den Hintergrund auch mit ganz normalem Haarspray fixieren.

Möchtest Du nicht den ganzen Hintergrund einfärben, kannst Du die Bibelstelle mit Washi Tapes abdecken und erst dann die Pastellkreide auftragen und verstreichen. Zieht man die Tapes wieder ab, ist die Bibelstelle frei.
Spannend wird es, wenn man anschließend z.B. mit der Zahnbürste weiße Farbspritzer oder Tintenspritzer aufbringt. Es können aber auch Sticker aufgeklebt, Motive gestempelt oder Letterings gemalt werden. Schöne Strukturen erzielt man mit leicht versetzt übereinandergeklebten Washi Tapes. Gerissene, unregelmäßige Kanten machen sich dabei besonders gut. Ebenso eignen sich getrocknete Blumen oder Blätter, Tortenuntersetzer oder ähnliches. Man kann kleine Anhänger gestalten, auf der Rückseite wichtige Gedanken notieren, z.B. was einem der Bibelvers persönlich bedeutet, und diesen an die Seite heften.

TIPP Ein toller Effekt ergibt sich auch, wenn man Formen (z.B. ein Herz) aus Papier ausschneidet, auf dem Blatt fixiert und erst dann mit Pastellkreide darübergeht. So bleibt die Form ausgespart (weiß) und die Bibelstelle hebt sich gut hervor.

1. Schablone schneiden

2. Schablone mit Pastellkreide ausmalen

3. Mit Finger Farben verwischen

4. Überflüssige Farbpartikel wegradieren und Zeichen fixieren.

Für Fortgeschrittene

Wenn man die Seite zuerst mit Pastellfixativ besprüht und dann dünn Aquarellfarbe aufträgt, entstehen interessante Muster, da die Farbe nicht überall gleich haftet.

Hier
bin
ich

Beispiel siehe S. 104

Marker & Co.

Filzstifte sind seit der Kindheit bekannt und beliebt, da sie leuchtende Farben besitzen, die sich entgegen den recht dünnen Buntstiftstrichen auch leichter flächig einsetzen lassen.

Bei Filzstiften empfielt sich aber, nicht das Basis-Set zu kaufen. Künstlerfarbstifte haben meist harmonischere Farben, die sich in Künstlergeschäften auch austesten und einzeln kaufen lassen. So kann man sich je nach Vorliebe eine ganz eigene Farbpalette zusammenstellen.

1. Deckender Farbauftrag

2. Farbe mit Wasserpinsel vermalt

3. Stift vor dem Auftrag der Farbe kurz in Wasser eingetaucht

4. Erst gelbe Farbe aufgetragen, dann grün lasierend darübergelegt (Transparenz)

5. Farbmischung auf dem Papier (gelb+blau=grün)

Wenn Du einen Schritt weitergehen willst, probiere doch mal Aquarell-Brushpens. Damit lassen sich tolle Farbverläufe erzielen, da sie sich mit wenig Wasser aufhellen lassen und so transparent sind, dass darunterliegende Farbschichten durchscheinen. So entstehen ganz neue Farbtöne!

6. Gelb und Blau aufgetragen, dann auf der rechten Seite die Farben mit dem Wasserpinsel vermischt

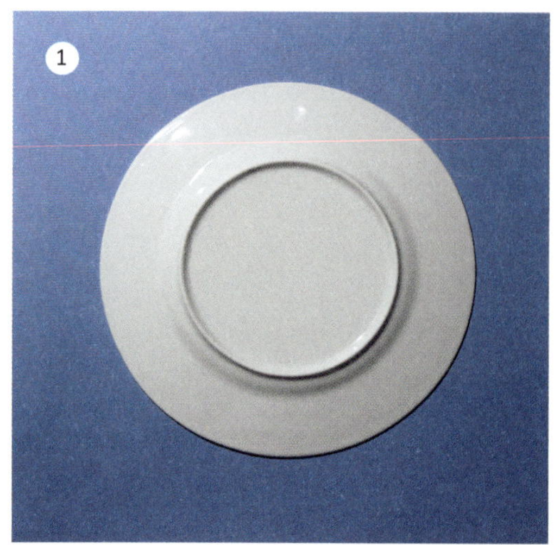

AQUARELLSTRUKTUREN

Male mit Markern auf eine glatte Oberfläche wie z.B. eine Transparenthülle oder einen Porzellanteller (1) und spritze einige Tropfen Wasser auf die Fläche (3). Lege dann ein Stück Papier darauf, streiche leicht mit der Hand über die Fläche und ziehe das Papier vorsichtig ab. Bei diesem Abklaschverfahren entstehen interessant strukturierte Hintergründe (4), die sich vielfältig einsetzen lassen (5).
Man kann aber auch Farbe auf eine geknickte Frischhaltefolie geben und dann die Bibelseite damit betupfen.

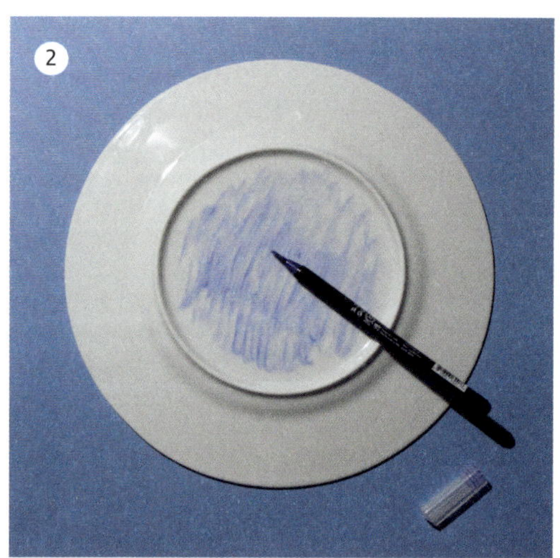

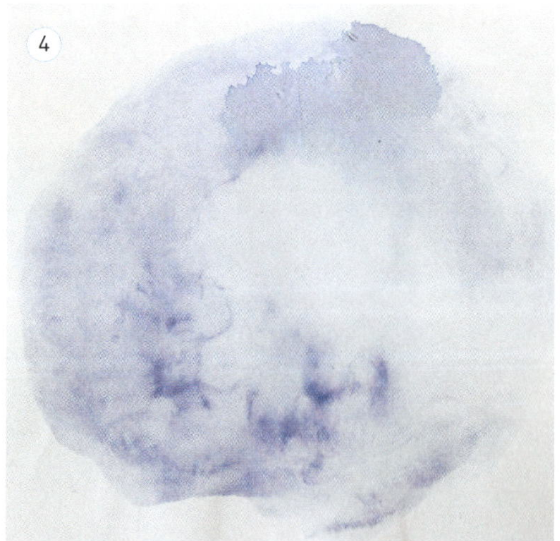

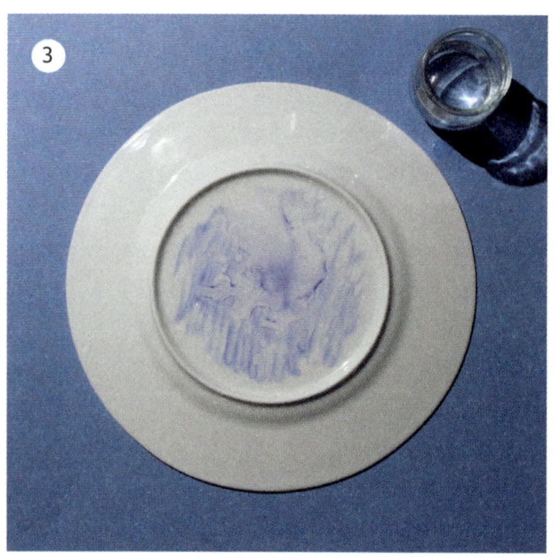

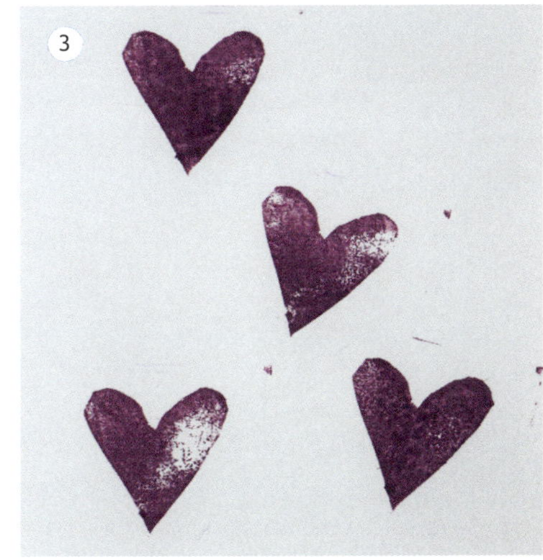

STEMPEL UND CO.

Eine andere Möglichkeit, um Texturen zu schaffen, ist die Distress Ink. Das sind kleine Stempelkissen, die die Farbe unregelmäßig abgeben, sodass ein Vintage-Look entsteht, wenn man sie über das Papier zieht (1+2). Man kann natürlich auch Stempel damit einfärben (3). Probiere mal, welche Effekte man erzeugen kann, wenn die Distress Ink auf Acylfarbe aufgedrückt wird.

Aber auch Buchstaben- und Motivstempel (z. B. EAN: 40-51271-07978-9) lassen sich hervorragend einsetzen, um eine Botschaft auf den Punkt zu bringen.

Beispiel siehe S. 40

Collagieren

Eine reichhaltige Auswahl an alten Papieren bildet die Grundlage fürs Collagieren: Kochbuchseiten, Briefe der Großeltern, Zeitungsfetzen, Buntpapiere, Musterseiten – sammeln ist angesagt. Um den bräunlichen Effekt zu verstärken, kann man die Seiten auch bügeln oder mit einem Streichholz etwas ankokeln.

TIPP Es empfiehlt sich, die Papiere zu reißen und nicht zu schneiden, denn die unregelmäßigen Kanten sehen schön aus. Hier ein Beispiel mit Washi Tapes:

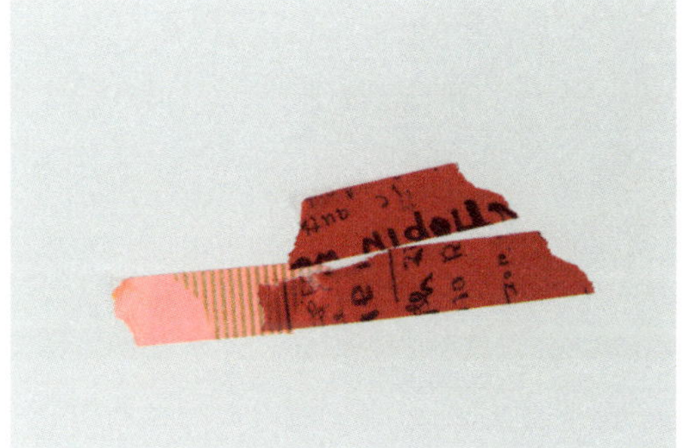

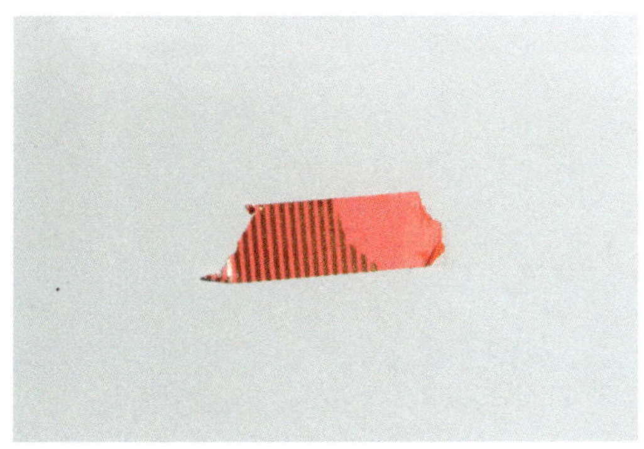

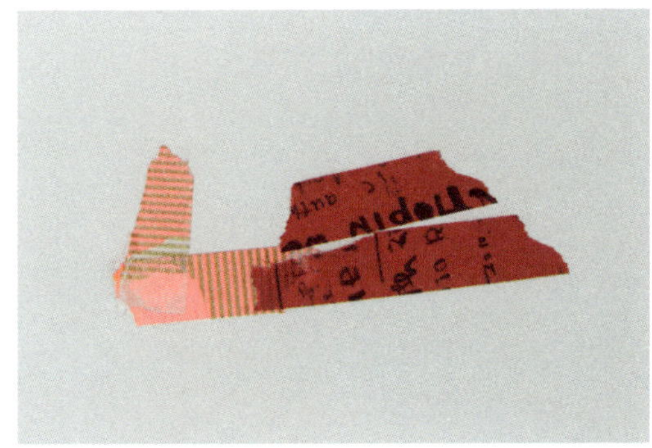

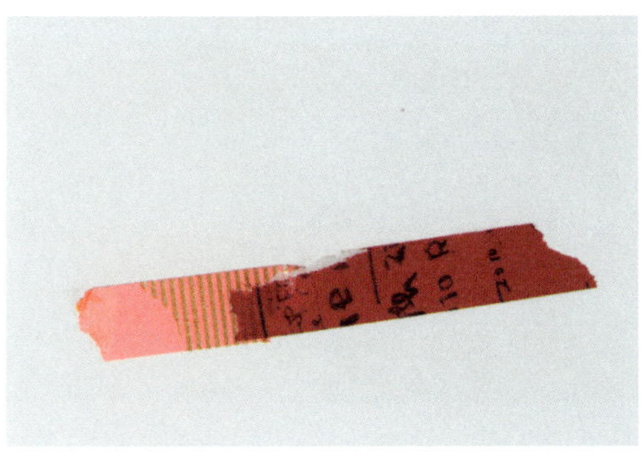

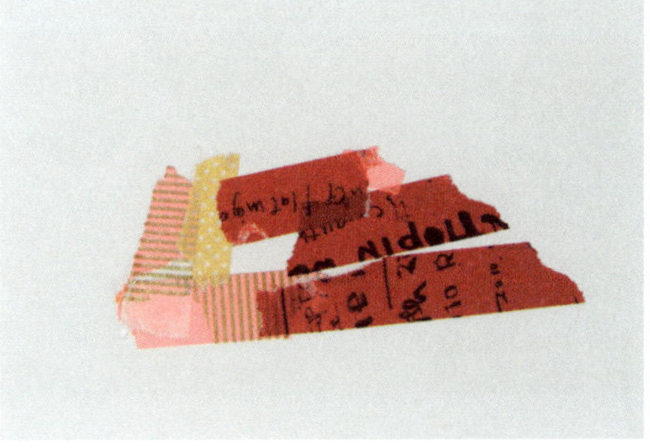

Und so macht man eine Collage

Papiere, Sticker, etc., die zum Thema passen, sammeln,

Papiere reißen, Symbole ausschneiden,

locker auf die Bibel legen, etwas hin- und herschieben, um die optimale Position zu testen und dann mit einem Klebestift fixieren.

TIPP Interessant ist es auch, etwas Acrylfarbe mit dem Spachtel über die Bibelseite zu streichen, um zu starke Kontraste der collagierten Papiere abzumildern.
Aber Vorsicht, nicht zu dick auftragen, die Buchstaben sollten noch durchscheinen.

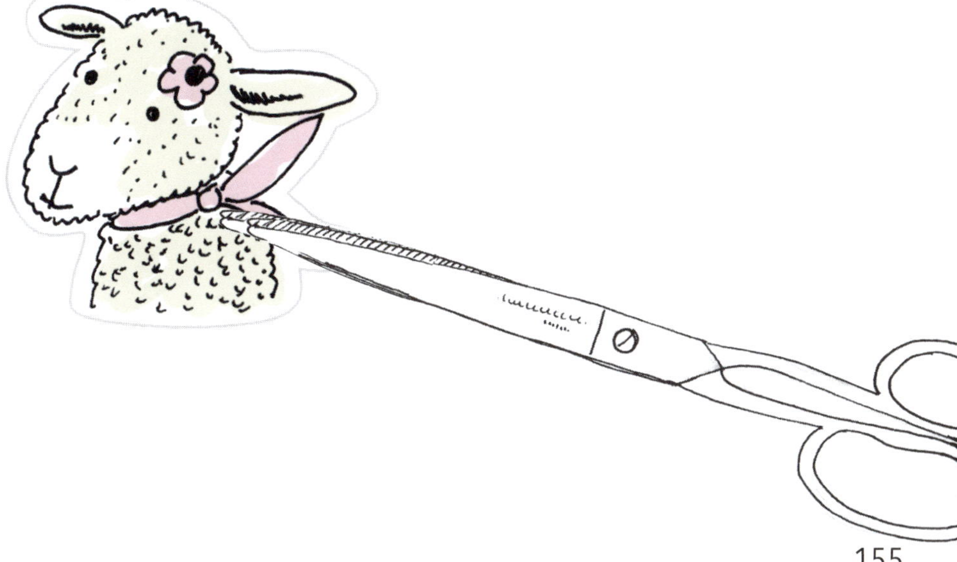

Beispiel
siehe S. 32

Zeichnen

Dekorative Elemente machen den Charme des Handletterings und des Art Journalings aus: schmückend, Lücken füllend, rahmend. Und – sie unterstützen die Botschaft.
Damit das Nachzeichnen leicht fällt, findest Du im Folgenden ein paar Schritt-für Schritt-Anleitungen zu gängigen Motiven.

TIPP Mit Hilfe der Transparentpapiermethode können viele Motive auch einfach abgepaust und mittels Kohlepapier übertragen werden. Weitere Anregungen findest Du auch im Musterbuch (ISBN 978-3-460-30460-4 oder 978-3-460-30451-2).

BANNER UND VERZIERUNGEN

Ornamente, Banner und Verzierungen und Pfeile sind fester Bestandteil des Handletterings.

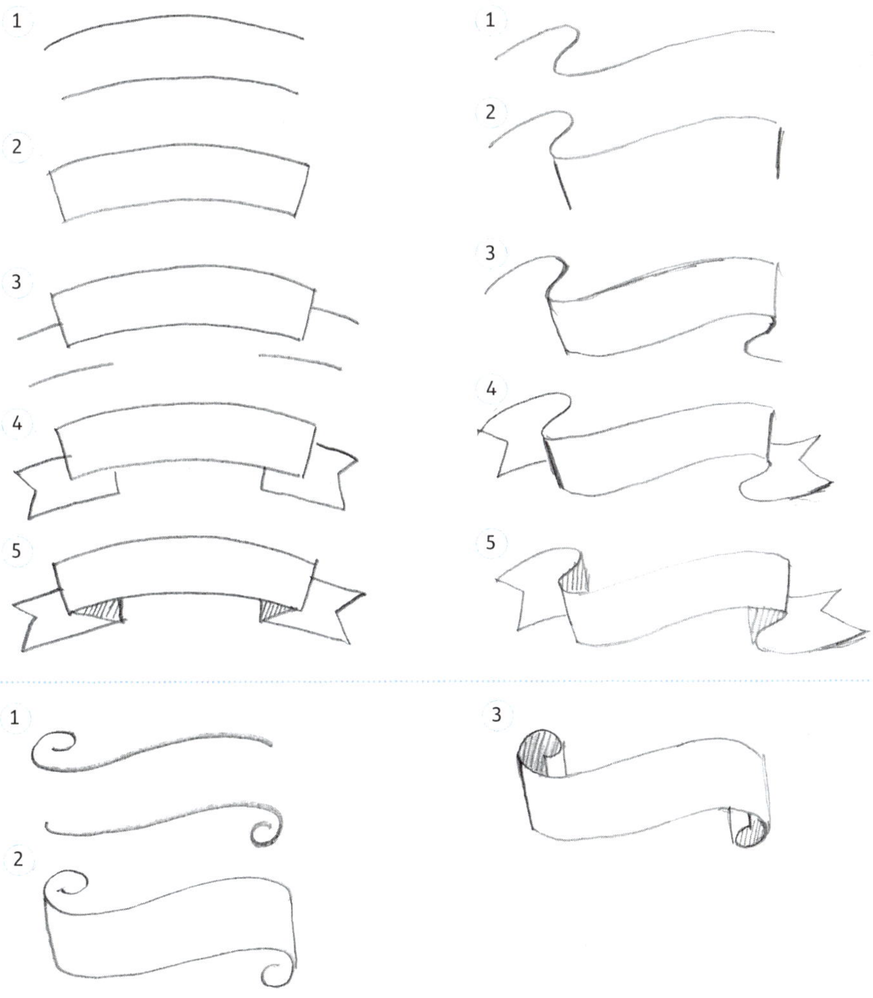

PFEILE

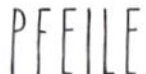

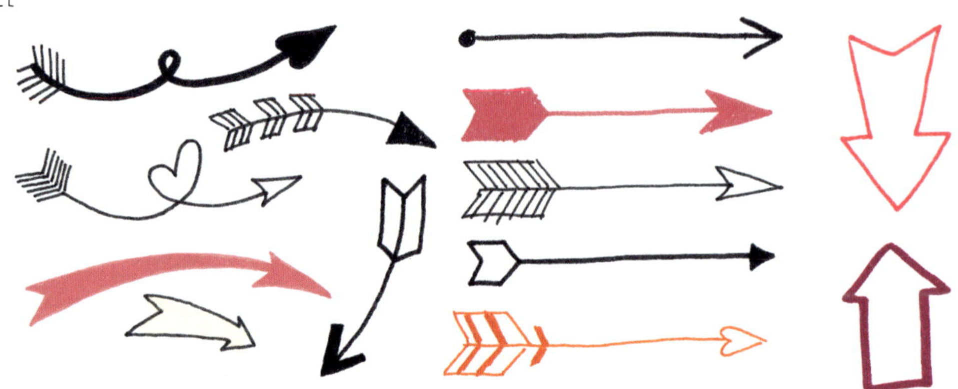

SCHNÖRKEL

Sie kommen ursprünglich aus der Kalligrafie und können an Buchstaben angehängt oder frei als Auftakt oder Abbinder eingesetzt werden.

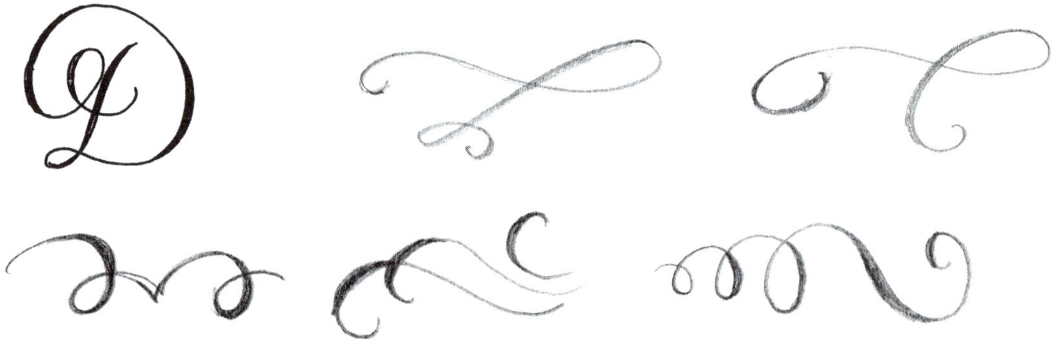

Jetzt Du

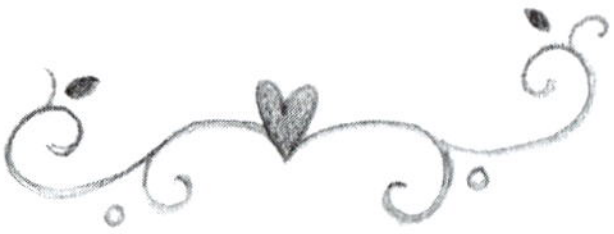

RAHMEN UND KRÄNZE

Linien, Bogen, Schnörkel und Ornamente haben rahmende Funktion. Linien oder einzelne Objekte wie z.B. Sternchen können auch als Trennelemente zwischen den Zeilen eingesetzt werden oder dienen der Unterstreichung. Beliebt sind beim Art Journaling auch florale Elemente wie Blüten oder Kränze.

TIPP Spannend wir die Gestaltung, wenn Schriften über den Rahmen hinauslaufen, d.h. die einzelnen Zeilen müssen nicht bündig sein, sondern können wild flattern.

KRÄNZE

1

2

3

ANHÄNGER

sind eine gute Möglichkeit, um wichtige Botschaften zu notieren und hervorzuheben.

ILLUSTRATIONEN

Mit kleinen Zeichnungen können Lücken gefüllt, der Sinn einer Bibelstelle verdeutlicht und Spannung erzeugt werden. Im Folgenden findest Du ein paar Vorlagen gängiger Symbole. Wenn Du Dir zeichnerisch nicht so viel zutraust, kannst Du auch die Zeichnungen aus dem Musterbuch (ISBN 978-3-460-30460-4 oder 978-3-460-30451-2) abpausen oder einfach ausschneiden und einkleben.

Merke:

Es kommt nicht auf Perfektion an. Wichtig ist es, locker zu bleiben. Kleine Kritzeleien beim Telefonieren z.B. sind perfekte Übungen.

ÜBEN, ÜBEN, ÜBEN

HIMMELSKÖRPER

1
2
3
4
5
6

BLUMEN

WASSERWELT

LIEBE

TIERE DER BIBEL

GARTEN EDEN

STABILO

Kopier
VORLAGEN

Welche Wörter stecken in den Versen?

Gibt es Synonyme oder Antonyme, die zur Erschließung des Textes helfen?

Gibt es andere Bibelstellen, die Dir zu diesem Thema einfallen?

In welchem Kontext steht der Vers?

Passt dieser Bibelvers besonders in mein Leben? Wenn ja, warum?

Was sagt dieser Vers aus? Liegt in der Wortwahl eine besondere Spannung?

Welche Symbole, Bilder oder Metaphern fallen Dir hierzu ein?

Welche Farben kommen Dir in den Sinn?

Lösen diese Symbole/Designs noch einmal andere Verständnisebenen für den Vers aus?

Konzept SHEET Ps 23

- Welche Wörter stecken in den Versen?
- Welche Emotionen lösen diese Worte aus? Welche Stimmung wird vermittelt?
- Gibt es Synonyme oder Antonyme, die zur Erschließung des Textes helfen?
- Gibt es andere Bibelstellen, die Dir zu diesem Thema einfallen?
- In welchem Kontext steht der Vers?
- Passt dieser Bibelvers besonders in mein Leben? Wenn ja, warum?
- Was sagt dieser Vers aus? Liegt in der Wortwahl eine besondere Spannung?
- Welche Symbole, Bilder oder Metaphern fallen Dir hierzu ein?
- Welche Farben kommen Dir in den Sinn?
- Lösen diese Symbole/Designs noch einmal andere Verständnisebenen für den Vers aus?

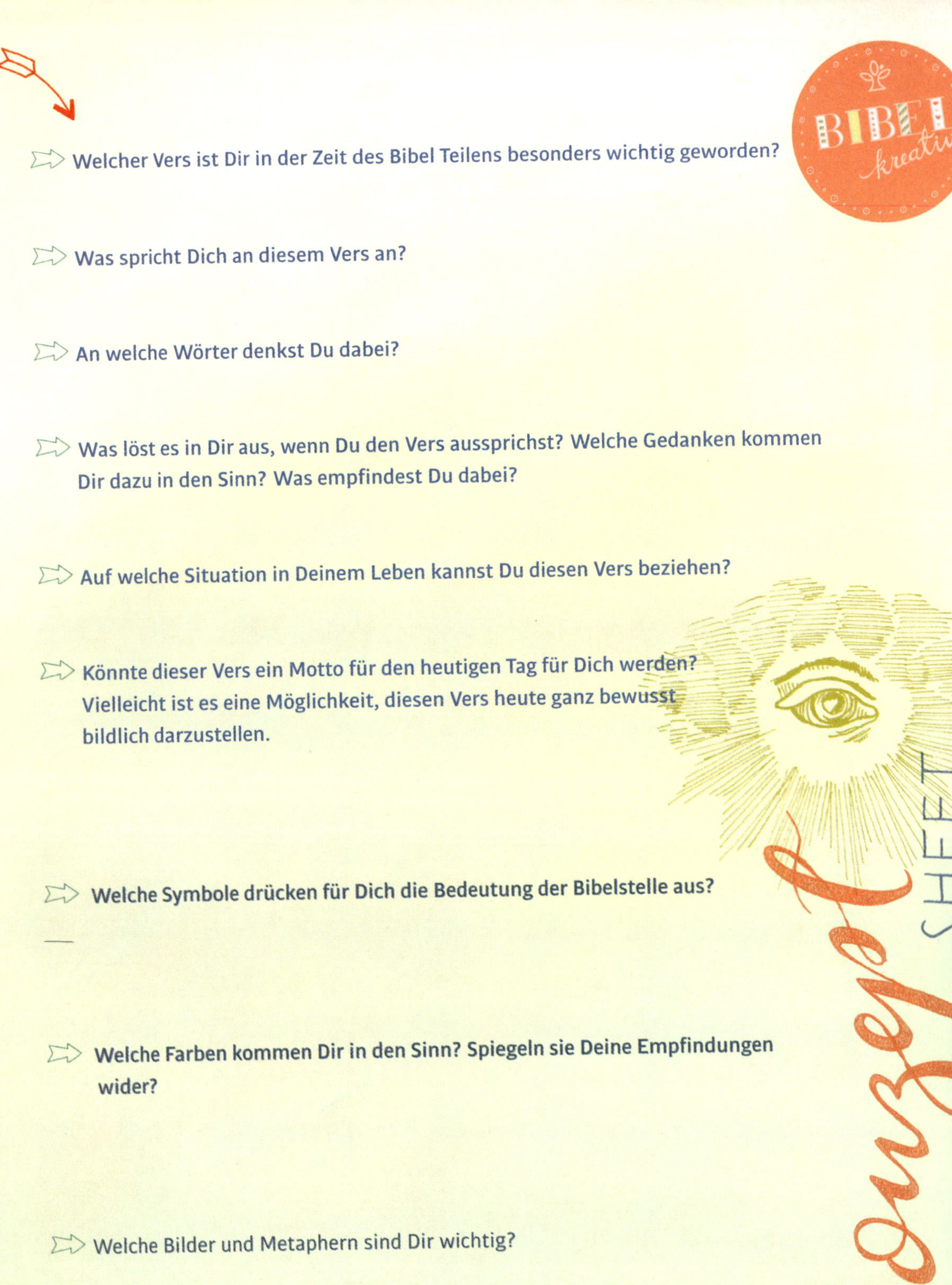

Welcher Vers ist Dir in der Zeit des Bibel Teilens besonders wichtig geworden?

Was spricht Dich an diesem Vers an?

An welche Wörter denkst Du dabei?

Was löst es in Dir aus, wenn Du den Vers aussprichst? Welche Gedanken kommen Dir dazu in den Sinn? Was empfindest Du dabei?

Auf welche Situation in Deinem Leben kannst Du diesen Vers beziehen?

Könnte dieser Vers ein Motto für den heutigen Tag für Dich werden? Vielleicht ist es eine Möglichkeit, diesen Vers heute ganz bewusst bildlich darzustellen.

Welche Symbole drücken für Dich die Bedeutung der Bibelstelle aus?

Welche Farben kommen Dir in den Sinn? Spiegeln sie Deine Empfindungen wider?

Welche Bilder und Metaphern sind Dir wichtig?

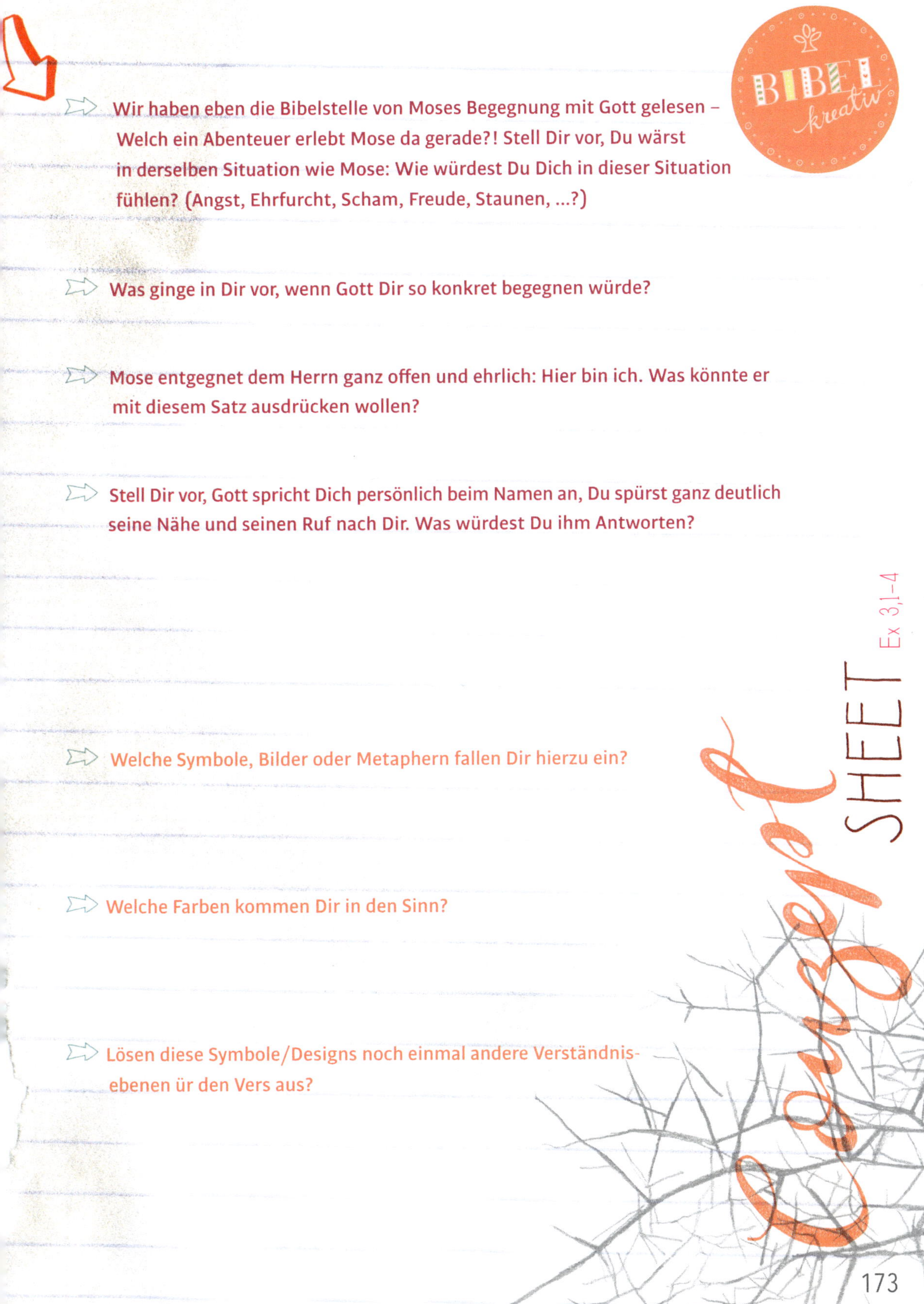

Wir haben eben die Bibelstelle von Moses Begegnung mit Gott gelesen – Welch ein Abenteuer erlebt Mose da gerade?! Stell Dir vor, Du wärst in derselben Situation wie Mose: Wie würdest Du Dich in dieser Situation fühlen? (Angst, Ehrfurcht, Scham, Freude, Staunen, ...?)

Was ginge in Dir vor, wenn Gott Dir so konkret begegnen würde?

Mose entgegnet dem Herrn ganz offen und ehrlich: Hier bin ich. Was könnte er mit diesem Satz ausdrücken wollen?

Stell Dir vor, Gott spricht Dich persönlich beim Namen an, Du spürst ganz deutlich seine Nähe und seinen Ruf nach Dir. Was würdest Du ihm Antworten?

Welche Symbole, Bilder oder Metaphern fallen Dir hierzu ein?

Welche Farben kommen Dir in den Sinn?

Lösen diese Symbole/Designs noch einmal andere Verständnisebenen ür den Vers aus?

Welche Wörter stecken in den Versen?

Welche Emotionen lösen diese Worte aus? Welche Stimmung wird vermittelt?

Gibt es Synonyme oder Antonyme, die zur Erschließung des Textes helfen?

Gibt es andere Bibelstellen, die Dir zu diesem Thema einfallen?

In welchem Kontext steht der Vers?

Passt dieser Bibelvers besonders in mein Leben? Wenn ja, warum?

Was sagt dieser Vers aus? Liegt in der Wortwahl eine besondere Spannung?

Welche Symbole, Bilder oder Metaphern fallen Dir hierzu ein?

Welche Farben kommen Dir in den Sinn?

Lösen diese Symbole/Designs noch einmal andere Verständnisebenen für den Vers aus?

Konzept SHEET

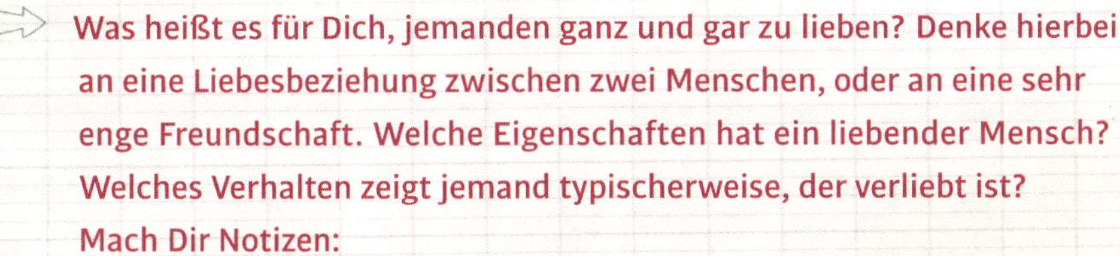

Was heißt es für Dich, jemanden ganz und gar zu lieben? Denke hierbei an eine Liebesbeziehung zwischen zwei Menschen, oder an eine sehr enge Freundschaft. Welche Eigenschaften hat ein liebender Mensch? Welches Verhalten zeigt jemand typischerweise, der verliebt ist?
Mach Dir Notizen:

- Eigenschaften:

- Verhaltensweisen:

Kannst Du diese Eigenschaften oder Verhaltensweisen auch bei Dir in bestimmten Situationen oder in Freundschaften erleben?

Könntest Du Dir vorstellen, solch eine Liebe auch für Gott zu empfinden? Wer ist Gott für Dich persönlich? Wie äußerst Du ihm gegenüber Deine Liebe am ehesten?

Nimm Dir einen kurzen Augenblick, um Gott zuzusprechen, was du für Ihn empfindest und wer Er für Dich ist. Dabei kannst Du ganz ehrlich sein, so wie Du bist, es braucht auch nicht viele Worte.

Dtn 6,4–6

SHEET

Welche Symbole, Bilder oder Metaphern fallen Dir zu der Bibelstelle ein?

Welche Farben kommen Dir in den Sinn?

Verdeutlichen Dir die Designs/Symbole noch einen neuen Aspekt in dieser Bibelstelle?

Welche Wörter stecken in den Versen?

Welche Emotionen lösen diese Worte aus? Welche Stimmung wird vermittelt?

Gibt es Synonyme oder Antonyme, die zur Erschließung des Textes helfen?

Gibt es andere Bibelstellen, die Dir zu diesem Thema einfallen?

In welchem Kontext steht der Vers?

Passt dieser Bibelvers besonders in mein Leben? Wenn ja, warum?

Was sagt dieser Vers aus? Liegt in der Wortwahl eine besondere Spannung?

Welche Symbole, Bilder oder Metaphern fallen Dir hierzu ein?

Welche Farben kommen Dir in den Sinn?

Lösen diese Symbole/Designs noch einmal andere Verständnis-ebenen für den Vers aus?

Konzept SHEET WORT Joh 1,1

- Welche Wörter stecken in den Versen?

- Welche Emotionen lösen diese Worte aus? Welche Stimmung wird vermittelt?

- Gibt es Synonyme oder Antonyme, die zur Erschließung des Textes helfen?

- Gibt es andere Bibelstellen, die Dir zu diesem Thema einfallen?

- In welchem Kontext steht der Vers?

- Passt dieser Bibelvers besonders in mein Leben? Wenn ja, warum?

- Was sagt dieser Vers aus? Liegt in der Wortwahl eine besondere Spannung?

- Welche Symbole, Bilder oder Metaphern fallen Dir hierzu ein?

- Welche Farben kommen Dir in den Sinn?

- Lösen diese Symbole/Designs noch einmal andere Verständnisebenen für den Vers aus?

Konzept SHEET

- Welche Wörter stecken in den Versen?
- Welche Emotionen lösen diese Worte aus? Welche Stimmung wird vermittelt?
- Gibt es Synonyme oder Antonyme, die zur Erschließung des Textes helfen?
- Gibt es andere Bibelstellen, die Dir zu diesem Thema einfallen?
- In welchem Kontext steht der Vers?
- Passt dieser Bibelvers besonders in mein Leben? Wenn ja, warum?
- Was sagt dieser Vers aus? Liegt in der Wortwahl eine besondere Spannung?
- Welche Symbole, Bilder oder Metaphern fallen Dir hierzu ein?
- Welche Farben kommen Dir in den Sinn?
- Lösen diese Symbole/Designs noch einmal andere Verständnisebenen für den Vers aus?

Wenn Du von dem Lobpreis der Engel liest, kannst Du Dir da auch vorstellen, Gott zu loben? Wofür würdest Du Gott gerne loben? Welche Eigenschaften an ihm gefallen Dir besonders?

Lobpreis kennst Du vielleicht auch in musikalischer Form aus dem Gottesdienst oder von christlichen Bands. Man sagt auch, gesungener Lobpreis gilt als doppeltes Gebet. Fällt Dir ein Lied ein, das Gott lobt und ehrt?

Conzept SHEET Lk 2,8–14

Welche Symbole, Bilder oder Metaphern fallen Dir hierzu ein?

Welche Farben kommen Dir in den Sinn?

Lösen diese Symbole/Designs noch einmal andere Verständnisebenen für den Vers aus?

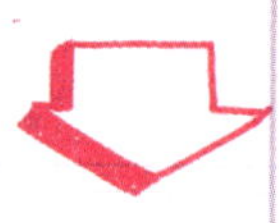

- Welche Wörter stecken in den Versen?
- Welche Emotionen lösen diese Worte aus? Welche Stimmung wird vermittelt?
- Gibt es Synonyme oder Antonyme, die zur Erschließung des Textes helfen?
- Gibt es andere Bibelstellen, die Dir zu diesem Thema einfallen?
- In welchem Kontext steht der Vers?
- Passt dieser Bibelvers besonders in mein Leben? Wenn ja, warum?
- Was sagt dieser Vers aus? Liegt in der Wortwahl eine besondere Spannung?
- Welche Symbole, Bilder oder Metaphern fallen Dir hierzu ein?
- Welche Farben kommen Dir in den Sinn?
- Lösen diese Symbole/Designs noch einmal andere Verständnisebenen für den Vers aus?

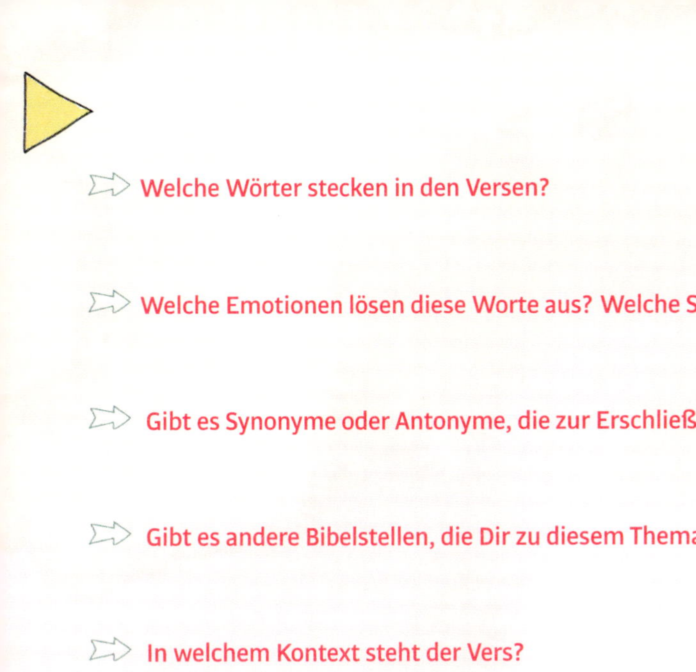

Welche Wörter stecken in den Versen?

Welche Emotionen lösen diese Worte aus? Welche Stimmung wird vermittelt?

Gibt es Synonyme oder Antonyme, die zur Erschließung des Textes helfen?

Gibt es andere Bibelstellen, die Dir zu diesem Thema einfallen?

In welchem Kontext steht der Vers?

Passt dieser Bibelvers besonders in mein Leben? Wenn ja, warum?

Was sagt dieser Vers aus? Liegt in der Wortwahl eine besondere Spannung?

Welche Symbole, Bilder oder Metaphern fallen Dir hierzu ein?

Welche Farben kommen Dir in den Sinn?

Lösen diese Symbole/Designs noch einmal andere Verständnisebenen für den Vers aus?

Einladung
BIBEL
kreativ
WORKSHOP
WANN?
WO?
MATERIAL?

Checkliste

DAS BRAUCHT IHR FÜR EINEN BIBEL KREATIV WORKSHOP

MATERIAL JE TEILNEHMER:

- Bibelausgabe zum Selbstgestalten (z.B. Bibel kreativ-Bibel mit Gratis-Band zu DIY-Vorlagen ISBN 978-3-460-44048-7)
- oder Kopiervorlage mit Bibelstelle als kostenloser Download auf www.bibelkreativ.de (am besten druckt ihr die Vorlagen auf etwas dickeres Papier)
- Ideenpapier/ Concept Sheet (Kopiervorlage)

MATERIAL FÜR ALLE:

- Moderationskoffer „Bibel kreativ“ oder:
- Scheren
- Klebstoff
- verschiedene Stifte: Bleistifte, Buntstifte (Spitzer und Radiergummi nicht vergessen), Wachsmalstifte, Filzstifte, Pastellkreide, ...
- Wasserfarben oder Aquarellfarben (Wassergläser und Pinsel nicht vergessen)
- bunte Papiere, Stoffe, Wolle usw.
- Bibel kreativ DIY Vorlagenbuch
- Washi Tapes und Sticker

Alternativ könnt ihr auch darum bitten, Bastelmaterial mitzubringen und nur einige spezifische Artikel zur Verfügung stellen.

WAS IHR SONST NOCH BRAUCHT:

- ausreichend Platz und Tische
- am besten stellt ihr die Tische zu einer Fläche zusammen oder zu einzelnen Tischgruppen
- das Bastelmaterial könnt ihr auf einen extra Tisch legen oder es in die Mitte der Tischfläche legen
- eventuell Flipchart (oder Posterblätter, Packpapierrollen o.ä.) für einen gemeinsamen Einstieg oder ein gemeinsames Brainstorming

Anhang

Autorinnen

JAQUELINE METZLAFF

Jacqueline Metzlaff, Jahrgang 1992, ist studierte Psychologin und lebt in Düsseldorf. Ihr Herz schlägt für die Arbeit mit Kindern und Jugendlichen, die auf der Suche nach dem Weg für ihr Leben sind. Ihre Freizeit verbringt sie am liebsten in der Natur, genießt einen leckeren Kaffee mit Freunden oder probiert sich am kreativen Gestalten der Bibel und am Handlettering aus.

SONJA POHL

Sonja Pohl, Jahrgang 1989, ist Theologin und Religionspädagogin. Aktuell ist sie als Referentin für Jugendpastorale Grundsatzfragen bei der Arbeitsstelle für Jugendseelsorge der Deutschen Bischofskonferenz in Düsseldorf tätig.
Privat beschäftigt sie sich gerne mit kreativen Dingen wie Musizieren oder Bibelkreativ sowie mit Computerspielen.

Ich finde Bibel kreativ toll, weil ich im kreativen Gestalten neue Akzente der frohen Botschaft für mich entdecken und die Essenz der Verse auf eine kreative Art herausarbeiten kann.

SONJA POHL

FRANZISKA STRECKER

Franziska Strecker, Jahrgang 1990, lebt in Bonn und arbeitet als Gesundheits- und Kinderkrankenpflegerin.
Sie engagiert sich bei der Jugendinitiative „Nightfever“und widmet sich in ihrer Freizeit gerne kreativen Projekten.

MICHAELA MOKRY

Michaela Mokry, Jahrgang 1995, studiert Theologie und Literaturwissenschaft in Tübingen, Wien und Jerusalem.
Neben dem Studium widmet sie sich gerne der Musik, schönen Caféstunden mit Freunden und probiert sich gerne kreativ aus.

Ich gestalte die Bibel gerne kreativ, weil ich so zur Ruhe kommen kann, mich auch mal in Details vertiefen kann und dem Wort Gottes neu und anders begegnen.

MICHAELA MOKRY

Gestaltung

ILLUSTRATIONEN · TEXT · FOTOGRAFIEN · LAYOUT

Anna-Katharina Stahl

Anna-Katharina Stahl MA, Jahrgang 1974, studierte an der Kunstschule Stuttgart, der Hochschule der Bildenden Künste Saar und der Akademie der Bildenden Künste München.
Sie war Artdirektorin bei Saatchi & Saatchi und ist seit 2005 selbstständige Grafikdesignerin, freie Illustratorin und Künstlerin mit zahlreichen Ausstellungen.

HINWEISE ZUR *Website*

Weitere Anregungen und auch weiteres Material findet ihr auf der Website zu Bibel kreativ:
www.bibelkreativ.de

Hier könnt ihr euch zu jedem Modellentwurf eine Kopiervorlage für die Bibelstelle herunterladen. Außerdem findet ihr das jeweilige Concept Sheet zu den Entwürfen. Auch die Checkliste und die Vorlage für eure Einladung zum Workshop könnt ihr hier herunterladen.

Außerdem findet ihr weitere Anregungen und Ideen zur kreativen Bibelarbeit auf dem Blog – lasst euch inspirieren!

Alle im Buch verwendeten Materialen wie Vorlagen, Stempel, Washi Tapes usw. sind im Onlineshop des Bibelwerkes erhältlich:
www.bibelwerk.shop

Das Musterbuch für Bibel kreativ-Ideen: Verschiedene Papiermuster in diversen Stärken eignen sich zum Ausschneiden und Verschönern der Bibelausgabe. Schriftmuster, Abpausvorlagen, Handletteringideen, biblische Symbole und zahlreiche Sticker lassen die Bibel auf eine ganz neue Weise lebendig werden.

Anna-Katharina Stahl

BIBEL KREATIV
NEUE DIY-VORLAGEN

17 x 24 cm; 96 Seiten; mit 3 Stickerbögen; Papiermuster; Gestaltungsvorlagen; kartoniert

ISBN 978-3-460-**30460**-4

washi tapes

zum Kleben, Basteln und Verschönern

Die bunten Washi Tapes sind ideal geeignet für die kreative Bibelarbeit. Sie sind vielfältig einsetzbar zum Basteln und verschönern. Das gewisse Etwa bei der Geschenkverpackung!

Anna-Katharina Stahl

WASHI TAPES BIBEL

4 Rollen im Set
Format ca. 1,5 cm

EAN 40-32382-**28146**-9

Anna-Katharina Stahl

WASHI TAPES WEIHNACHTEN

4 Rollen im Set
Format ca. 1,5 cm

EAN 40-32382-**00027**-8

Anna-Katharina Stahl

WASHI TAPES DESIGN ROT

4 Rollen im Set
Format ca. 1,5 cm

EAN 40-32382-**28145**-2

Anna-Katharina Stahl

WASHI TAPES DESIGN BLAU

4 Rollen im Set
Format ca. 1,5 cm

EAN 40-32382-**28144**-5